THE MITSFIT ECONOMY

另类创客

黑客、海盗、黑帮等地下创新者的故事

[美] 亚力克莎 · 克莱（Alexa Clay）
凯拉 · 玛雅 · 菲利普斯（Kyra Maya Phillips）◎著
王雪婷 译

中国友谊出版公司

目录

第一部分：
边缘创新

引子 003

1

另类哲学 017

第二部分：
另类因子

2

智取 041

3

复制 065

4
黑客 092

5
挑衅 120

6
转型 141

第三部分：
另类革命

7
剑走偏锋 173

8
结论 192

致谢 195
尾注 200

第一部分

边缘创新

引　子

“我是不是太啰唆了？”萨姆·霍斯泰特勒（Sam Hostetler），一位住在密苏里州米勒县的阿米什[①]农民已经第三次问这个问题了。他正在向我们讲述他自己，一个来自异国的动物爱好者，是如何开始挤骆驼奶的。

霍斯泰特勒出生于伊利诺伊斯州坦皮科（Tampico）一个虔诚的天主教家庭。“罗纳德·里根（Ronald Reagan，第40任美国总统）也出生在我们镇上。”他这样告诉我们。他9岁的时候，全家移居到了密苏里州水牛城（Buffalo）的一个农庄。在那里，他父亲开始做建筑生意，并且成为当地一个社区教堂的牧师。他说他和他的兄弟们从小都被教育成为正直、严守教规但思想开明的人。他在21岁的时候娶了他现在的妻子科琳娜（Corlene），

① 阿米什人（Amish）是美国和加拿大安大略省的一群基督新教再洗礼派门诺会信徒（又称亚米胥派），以拒绝汽车及电力等现代设施，过着简朴的生活而闻名。

"那时候我就好像已经认识她一辈子了。"他笑着说。

霍斯泰特勒还是个孩子的时候，大家就常说他对那些非主流的事物情有独钟。回想起来，他说："我不太清楚这是为什么，可能我一直喜欢挑战吧。"霍斯泰特勒回忆起他9岁的时候，这种对不寻常事物的喜爱，让他对那些长着长长尾羽，与一般鸡类不一样的异国禽鸟产生了兴趣。那时，他的父母订购了25只这样的禽鸟，就此埋下了霍斯泰特勒终身痴迷于奇异动物的种子。

霍斯泰特勒的农场事业始于几只鸵鸟。做了一阵子鸵鸟饲养买卖的生意以后，他开始寻找更加具有异域风情的动物。他开始买河马和犀牛，变成了一个"另类畜牧业主"。从那时起至今，他做这个买卖已经差不多30年。

然而，有一天下午，一个密苏里州的医生打来电话，劈头盖脸地问了他一个不寻常的问题："你听说过给骆驼挤奶吗？"即使"狂野"如霍斯泰特勒，也从没听过这种事。医生接着解释说，他想给他的病人喝骆驼奶，正寻思着哪儿能找到。霍斯泰特勒沉思片刻后回答说："好吧，反正大家都知道这些年我做了些疯狂的事情，再多做一件也无妨了吧。"

通过电话后不久，霍斯泰特勒就开始着手进军骆驼奶业。据他所知，这个行业当时在美国根本不存在。对他来说，新开一条财路当然有一些吸引力，但真正令他兴奋的是"它（骆驼奶业）听着就很奇怪"。泰勒一开始只是小本经营，仅买了几头骆驼，但通过繁育，他将骆驼群的规模扩大到了30头左右。他享受这个独特的事业给他带来的感觉，对骆驼也产生了深厚的感情。他说："我就是喜欢骆驼。它们不漂亮，它们很丑，但是我喜欢它们。"

※ ※ ※

骆驼奶被誉为"沙漠中的白色黄金"，更有人将其视为传说中的长生不老药。它的药用价值已经被证实，特别是未经高温消毒的生奶，人们声称它对克罗恩病①、自闭症、糖尿病、阿兹海默症和丙型肝炎都有帮助。甚至还有人坚称骆驼奶能缓解艾滋病的一些症状。

骆驼奶有很深的历史和宗教渊源。对于很多人来说，它是一种精神体验：先知穆罕默德（Muhammad）就曾让他的同伴将骆驼奶作为一种天然的药剂来饮用。中东的游牧民族和波西米亚人（Bedouins）几个世纪以来一直靠骆驼奶来抵御干旱和恶劣的沙漠气候，长久以来它因治愈功能而广受赞誉。

据说骆驼奶能提供比其他奶类更多的可吸收钙质，而且比较容易消化，不含过敏源，并具有消炎作用。自闭症儿童的父母称骆驼奶能帮助他们的孩子提高运动技能，改善消化系统。不过，虽然很多人深信骆驼奶有药用价值，但至今还没有确凿的证据证明它对机能紊乱和疾病有治疗效果。

在中东和非洲，骆驼奶的这些所谓益处已经被人坚信了很多年，但这种商品在美国却长久地被无视。只是在近五年，这个处于萌芽阶段的市场才开始发展，这是一种真正的另类经济形式，

① 克罗恩病（Crohn's Disease）：一种原因不明的肠道炎症性疾病。——编者注

它把一群极具多样性的人聚集到了一起，这群人中就有阿米什农民萨姆·霍斯泰特勒。

※ ※ ※

人们对骆驼奶的需求给霍斯泰特勒这样的农民带来了稳定可持续的收入。其他阿米什和门诺派[①]农民也和他一样开始从澳洲进口骆驼，在自己的农场建起了小小的骆驼畜群。我们与马林·特罗耶（Marlin Troyer）进行了交谈，他也是进入这个贸易领域的先驱之一。作为一个生活在密歇根州布兰奇县的门诺派教徒，特罗耶向我们讲述了他进入骆驼奶贸易领域后是如何在四年内把农场从 10 英亩扩大到 80 英亩的。他说，骆驼奶的市场需求“让我和我的家人有足够的钱来保持农场稳定持续地运作”。

霍斯泰特勒也开始体验到骆驼奶需求的增长。这促使他创立了座头鲸奶业（Humpback Dairies），他通过这个私人会员制的组织网络销售他的产品。这个组织采取了一种合作模式：人们成为他农场的会员，他则用骆驼奶支付酬金。很多从事骆驼奶业务的阿米什农民都通过这个模式的变体在进行销售。

生骆驼奶要以这种形式出售是因为销售未经巴斯德氏杀菌法消毒的生奶——无论是哪种奶（包括牛奶），在美国很多州都是非法的。而跨州分销生奶则在任何州都是违法的。但是，消费你拥有的牲畜产的奶是合法的。因此霍斯特泰勒和他的家人，还有出钱取得“座头鲸奶业”会员资格的那些人就能合法使用由该奶业的骆驼畜

① 门诺派是当代基督新教中的一个福音主义派别，主张和平主义。——编者注

群产的奶了。

霍斯泰特勒的大部分业务源于他在农场附近竖立的广告牌，还有人们的口口相传，以及家人的推荐。然而，当一个23岁的南加州大学毕业生出现在他家门口的时候，这一切都改变了。

※ ※ ※

瓦利德·阿卜杜·瓦哈布（Walid Abdul Wahab），沙特阿拉伯人，2009年来到美国，进入南加州大学马歇尔商学院学习。2013年9月毕业后不久，他就成为第一个在美国建立骆驼奶零售公司的人。

瓦哈布创办“沙漠农场（Desert Farms）”的想法萌生于他大二那年回沙特阿拉伯的时候。他刚巧碰上了传统的穆斯林斋月。在这一个月中，信徒从黎明到日落都要斋戒禁食。一天日落时分，他的一个朋友给他带来一些对他而言“难以引起食欲”的骆驼奶。“骆驼奶一开始真的不怎么有吸引力。”他说。他的朋友是把奶装在保鲜袋里带来的，拿到瓦哈布面前时，骆驼奶还在往外渗。瓦哈布问他朋友奶是从哪里来的，他回答说是他在沙漠中走了20英里，从一个贝多因人[①]那里得来的。

结果，瓦哈布一喝骆驼奶就爱上了它。几天后，他有了这个想法：把这种饮品带给有健康意识的加州人。正好有一个创业课程项目，他就开始调查美国的骆驼奶生产状况。他需要搞清楚，市场是否存在。

经调查，阿卜杜·瓦哈布发现骆驼奶在美国的确有市场，但

① 阿拉伯游牧民族。——编者注

规模非常小。只有少数人像山姆·霍斯特泰勒和马林·特罗耶这样养殖骆驼并生产骆驼奶。而且，我们上文已经说过，他们完全是通过合作社来进行销售的。瓦哈布将其与达拉斯买家俱乐部（Dallas Buyers Club）进行了比较。该俱乐部由罗恩·伍德鲁夫（Ron Woodroof）创办，并且还在2013年被改编成了一部电影，获得了奥斯卡提名。伍德鲁夫感染了艾滋病，他将一些对自己健康有益但非法的药物偷运进美国。他想和一个拍档一起把药卖给别的艾滋病患者，于是成立了“达拉斯买家俱乐部”，一个私人会员俱乐部。这样他们就可以将药物配发给那些愿意加入俱乐部并支付月费的人。

“（卖骆驼奶）不需要像贩毒一样，”瓦哈布告诉我们，“人们相信骆驼奶能帮助他们……（那么）……如果它真的能帮到人，”他说，“我们不想催生出一个黑市。”

所以，他起草了一份商业计划书，想施展抱负，将这种饮品带入主流市场。他在报纸上登了广告：“你有骆驼吗？给它们挤奶吧！”他在美国到处寻找养骆驼的农民。他找到几个已经在给骆驼挤奶并且将奶通过私人会员组织出售的农民。然而，很多骆驼主只出租他们的骆驼用于表演耶稣诞生的场景，骆驼派上用场的时机少之又少。阿卜杜·瓦哈布开始向他们兜售一个想法，那就是骆驼奶可能带来新的持续性收入。

瓦哈布和七个阿米什农民达成了独家协定。这七个农民来自美国各地，包括科罗拉多州、密歇根州、俄亥俄州、密苏里州、宾夕法尼亚州和德克萨斯州。与这些农民建立关系是一件棘手的事。阿米什农民非常排斥科技，因此与他们保持联系很困难。他告诉我们，“一个坚定有力的握手就代表着成交了，这是我能得到的唯一保证。”瓦哈布说因为自己是穆斯林，才得以与阿米什农民建立起某种联系，因为他们都常常因自己的信仰而被人评头论足。他不仅向农民支付劳动费用、骆驼奶本身的费用（每加仑[①]80美元），还向农民提供挤奶和装瓶所需的所有设备。

当瓦哈布花费大量时间与美国食品及药物管理局争吵的时候（美国食品及药物管理局多次突袭与他合作的骆驼农场），他和他的团队（“我，农民和骆驼”）已经成功地让5个州的70家全食食品超市[②]开始存储巴氏杀菌骆驼奶。“沙漠农场”还在全美境内的小型家庭商店分销生骆驼奶。

“让骆驼奶进入全食超市”这个目标，从他创业的第一天起就一直存在于他的脑海中。我们问他现在是否感到自己成功了。他声音不大，却清楚坚定地吐出了一个“不”字。他告诉我们，他的父母是巴勒斯坦难民，是第一次黎巴嫩战争时期在一所公寓避难时相识的。那时候，他爸爸年仅24岁，却已经赚到了他人生中的第一个一百万。

他父亲和他哥哥一起经营一家家族钢铁企业，主要向沙特阿拉伯的大型政府项目提供钢铁材料。他告诉我们他父亲总是开玩笑说，他把儿子送进了美国顶级的商学院，最终儿子却成了农民。在这个家庭中，瓦哈布总是被催促着去投行建功立业，因而感到自己十分另类，由此也就更想证明自己所投身的使命的价值。

在瓦哈布让骆驼奶成功入驻全食食品超市六个月以后，骆驼

① 每加仑约3.8升。——编者注

② 创建于1978年的小型健康食品店，创始人约翰·麦基为素食主义者。如今已发展为全美最大的天然食品和有机食品零售商，拥有265家分店。——编者注

奶的营业额达到了十万美金，但他仍希望能在饮品业有更大的作为。牛奶替代品（如豆奶，杏仁乳，米汤，椰奶）的消费量从2011年起增长了30%。[1] 与此同时，牛奶的消费量正在下降，从1970年的人均消费273.8磅减少到了2012年的198.8磅。[2] 而骆驼奶，据瓦哈布预测，能够挤进销售额高达数十亿美元的牛奶替代品市场。

※　　※　　※

山姆·霍斯特泰勒和瓦利德·阿卜杜·瓦哈布各自前行在自己的路上。另类人士正在骆驼奶贸易的非传统世界里踩出一条路。从这些人身上，我们除了能学到很多关于独创性和决心的东西，还有就是看到人类内心深处想要创造、建立和开拓机遇的冲动。

不过，到底怎样才算是另类人士呢？据定义，另类人士应该是“那些行为或者态度有别于常人的一类人，而且这种区别常常是以一种明显令人不适的方式表现出来的”。[3] 有着这样的名声，另类人士常常被视为不被信任的圈外人：比如骗子、盗贼、拾荒者、流浪汉、黑帮、局外人和怪胎，他们总是遭受怀疑和猜忌。但是在世界各地——无论是小城镇还是大城市，都有一帮另类人士在创新能力上能与硅谷精英平分秋色，他们甚至比一些世界顶级品牌更有创造力。另类人士应对挑战的一些方法是传统商业人士所无法想象的。

在本书中你将读到的那些世界级创新者都是海盗式的人物，他们不是混迹于帮派，就是活跃在黑客群体中。他们藏匿于圣保罗（Sao Paulo，巴西城市）拥挤人群中，或是拉各斯（Lagos，尼日利亚城市）散发着恶臭的垃圾堆中，泰国那些被洪水肆虐的沿海小镇上。他们足智多谋，富有创造力，兼具忠诚和狡猾两种品质，他们可能是贫民窟的居民，也可能是持不同政见者。

与这些人紧密相关的词汇有灰色市场、黑市、非正式经济，或被叫做影子市场、暗市、临时经济。而我们将其称为另类经济。无论措辞如何，另类创新者们都存在于另一个世界，这个世界与传统企业、主流市场没有丝毫交集。这些另类创业者可能是会威胁到我们社会和经济稳定的离经叛道者，但实际上他们是先锋式的人物，正致力于创造新的思维方法和运营模式，建立新的最佳实践方式。而这些都值得我们借鉴并应用到市场中。

这本书研究了一些真实的地下创新故事并提炼出另类经济独特的五大原则。这些故事和原则都基于我们的第一手调查资料。这个调查始于2011年，一开始只是关注一些非正式经济中的社会型创业者和创新者，但很快就扩展到黑市、艺术家和活动家的社区，还有一些体制内的另类人士——他们正试图从内部改变一些我们建立已久的机构。经过对5000个案例的研究，我们把范围缩小到30个，然后进行进一步的探索。

我们选择这30个案例是为了让大家关注那些活跃在全球不同地域，不同实践领域（有艺术领域、科技领域、行动主义领域，还有黑市和非正式市场），以及不同时期（我们搜集的故事既有当代的也有历史事件）的另类人士们。除了多样性以外，我们还有一个挑选标准，就是这30个候选案例必须具有原创性和颠覆性。这些另类人士一定正倡导一种不同寻常且富有创意的工作方式，这就意味着他们必须创新。而他们的创新必定是摧枯拉朽的，或是正在转变某种态度、某种范式，也可能正在改变某个组织的实践模式。

随着对另类经济的探索越来越深入，我们逐步认识到有时候地下的非正式经济与主流经济具有相同级别的整合度。为一个墨西哥贩毒集团工作可能和在埃克森公司[①]中任职相当类似——它们采用的都是指挥和控制系统。这就是为什么“创新角度”成为我们为本书甄选案例的试金石。获选的另类人士不只是圈外人那么简单，他们更是具有创造性和“破坏力”的圈外人。

※　　　　※　　　　※

以索马里海盗为例。他们的故事可不仅仅在讲鸡鸣狗盗，也在讲述一个本地的小规模非正式产业是如何转变成大型国际化犯罪企业的。他们不仅出现在全世界的媒体上，更推进了反海盗业的发展。这同时也是一个有关机会的故事，或者说，是在教你怎样无中生有，凭空创造出一个市场机会来。

索马里海盗诞生于20世纪90年代，原因竟是外国船只在索马里海域非法捕捞。当时，索马里政府正处于瘫痪状态，海军和海岸巡警无法有效地抵制非法捕捞。面对日益减少的鱼类资源和动荡的经济环境，渔民们找不到替代的工作，只能铤而走险去袭击外国渔船。

一开始，海盗业在索马里是一个相对非正式且简单的行业。一位叫阿布迪（Abdi，我们不知道他的姓）的前海盗证实了这

① 美国第一个托拉斯组织，世界大工业公司之一。曾经是美国最大的石油公司，也是世界最大的跨国公司之一，属于洛克菲勒财团。——编者注

一点。他告诉我们，在哈丰（Hafun）——索马里东北部的一个沿海小镇，他和他的伙伴们曾乘坐捕鱼小船去袭击外国的拖网渔船。阿布迪与亲朋好友一起组建了这个团队，然后根据每个人的投资比例来分赃。

这些由受害渔民演变而成的第一批海盗，本质上只是一些精明的小人而已。当时，他们正因渔业资源减少而苦苦挣扎，途经他们海岸的那些价值不菲的货物自然引起了他们的注意。尽管是违法的，他们还是把劫掠货物看作一个获得收入的好方法。

他们的国家正经历经济和社会动荡，而他们的生计则受到外国非法拖网渔船的威胁。他们没有干坐着期盼政府来解决问题，也没有继续徒劳无望地出海捕鱼，而是自己创造一个机会并紧紧抓住了它。他们资源有限，除了一个点子和几条捕鱼小船以外一无所有，但潦倒的生活和对收入的渴望驱使着他们播下了第一粒犯罪的种子。很快这粒小小的种子就长成了一棵结满丰硕罪恶果实的参天大树。

索马里的海盗业开始得非常不正规，但进化速度惊人，特别是在2008年因绑架乌克兰军火船“芬娜”号（*MV Faina*）而在国际上一炮而红。在支付了350万美金的赎金以后，这艘装载着榴弹发射器和坦克等军事用品的船才被释放。整个绑架过程非常专业，这生动地向我们预示了索马里海盗业的未来。

劫持“芬娜”号的是一伙以“Afweyne”（绰号“大嘴”）为首的海盗。Afweyne找了一些投资者，把原本纯机会主义且毫无计划可言的抢劫行为变成了计划性强且运作良好的业务活动，然后严格训练了一批海盗，建立起了所谓的“索马里海军”。这支队伍组织严密，作业方式军事化，各层级的职务都与军队相仿，如海军上将、中将、中尉等。

索马里海盗业从一盘散沙、自给自足的状态转变为融资良好、资产达数百万美元的跨国行业，很多人认为Afweyne是关键人物之一。很快，索马里海盗的足迹已经远至印度和迪拜，赎金一部分被投资在装备和训练上，另一部分则用于发展阿拉伯迷药贸易（阿拉伯迷药khat是索马里非常流行的一种迷幻植物）。

Afweyne这样的海盗不同于早期索马里海盗。他们使用母舰（一般是捕鱼用的独桅帆船）在海中搭建基地，而不是把基地设在海滩上，这就使得他们能够把触角伸向那些航行在远海的大型货船。

一些海盗告诉我们他们是如何驾着母舰到航道上，耐心等待船只经过，然后瞄准机会放出两三只小艇进行袭击的。海盗们一旦控制了船只，就会迫使它驶向海岸，然后让谈判代表与船只公司就赎金达成协议。在谈判进行的过程中，当地人会向人质和海盗们提供食物和水，甚至阿拉伯迷药。海盗团自己也会雇佣皮条客寻找妓女、律师和点钞员——点钞员会用机器来检测钱的真伪。

另一个我们访谈过的海盗阿布迪·哈桑（Abdi Hasan）向我们描述了类似的袭击策略，但是听上去更为复杂。他所在的组织并不像其他海盗团一样在航道上等待突袭经过的船只，这样太过机会主义。他们在国外是有眼线的——“很有可能是在迪拜”，我们的中间人插话说——这个线人会通知海盗团目标船只的位置。得到消息后，海盗团才会出发去该地点进行伏击。他告诉我们海盗团喜欢锁定那些行驶比较缓慢，人员配备不足且干舷较低（更易登船）的船只，而最佳进攻时间是黄昏，这时候的能见度很低。哈桑说他和其他步兵不管行动结果如何都会获得报酬：如果绑架成功了，赎金也收到了，海盗们就能得到较高的报偿；如果没成功，报偿就少一些，但总归是有的。

据报道，一次成功的行动后，海盗们每个人得到了从 3 万到 5 万美金不等的酬劳，而且第一个登船的以及自带武器或梯子的海盗得到了 10000 美金的奖励。[4] 他们可以以记账的形式买阿拉伯迷药嚼，可以吃喝玩乐，费用之后从赎金里扣除。这些提前消费需要大约 30000 美金的专业融资，相当于赃款的 30% 到 75%，一般由渔民、前海盗、前警察、军队官员和阿拉伯迷药贩子提供。[5]

从单纯的守株待兔到主动去获取船只位置然后才行动——这种战略上的不同反映了商业模式的转变：海盗们已经不再是小打小闹，而是变成了由一群“改革者”（有人扮演商业领袖，有人充当会计师，有人做海盗团成员）领导且有海外支持的“商业团队”。而且，这群“改革者”还能根据团队的发展潜力来调整业务。

索马里海盗很快得到了国际关注，因为他们屡屡得手，逍遥法外（远在索马里海域之外），且赚得盆丰钵满。2013 年 9 月，世界银行（the World Bank）、国际刑警组织（Interpol）和联合国（the United Nations）发表联合声明说，从 2005 年 4 月的第一次绑架案件开始，已经为 179 艘被绑架的船只支付了高达 3.85 亿美元的赎金。

这个现象还导致国际贸易开支增加了约 180 亿美元。联合国组织相关成员国加强了在索马里海域的护航，旨在对抗海盗的威胁。面对齐心协力要抓捕他们的各种努力，海盗们也通过升级攻击小艇、改良通信条系统等方式来回应。

※　※　※

通过海盗和骆驼奶商人这两个例子，我们可以看出另类人士常常不为公众所知。他们活动在暗处，代表着一大帮地下智者。那么我们就要问：他们是谁？是如何工作的？如何组织起来的？他们怎样推进创新？面临着哪些挑战？还有最重要的是，我们能从他们身上学到什么？

在你继续阅读本书之前，我们要郑重声明：本书中所列举的一些创意案例毫无疑问是有阴暗面的，但这不表示我们有意为犯罪活动背书。我们知道军火商向种族屠杀者输送军火，贩毒集团鼓励人们吸毒成瘾，人贩子在全世界进行着令人发指的奴隶和性交易。我们绝不是要颠倒是非，帮这些行为洗清其罪恶性。

其实，我们想证明的东西很简单，就是自由市场经济并没有垄断所有的创意。当然谷歌、易趣网和丰田汽车公司曾经且仍将是很多伟大创意的发源地，但我们的调查也显示，地下创意是经济的强大推进器这一点一直遭到忽视，而且其实地下创意能向我们提供非常独特且有价值的视角。

当其他与创意相关的书籍着力于记录那些创业者、企业变革者、卓有远见的 CEO 们的创造力和独创性的时候，本书将把你带到传统正规市场的疆域之外，以更广阔的视角来探索全球经济，看看鲜为人知的地下世界。

1
另类哲学

UX（Urban Experiment 的缩写，意为城市实验），是我们在法国遇到的一个秘密黑客团队。这个团队花费大量的时间非法通过巴黎的地下管道系统进入某些大楼，去修复那些他们认为被法国政府手下的正统机构所忽略的国家文物。他们因在一年中多次潜入巴黎先贤祠①修复一个19世纪的大钟而闻名，这令法国政府恼怒不已。作家同时又是记者的乔纳森·莱克曼（Jonathan Lackman）问他们为什么要这么做，该团队的发言人拉扎尔·孔斯特曼（Lazar Kunstmann）仅简单地反问道："你家有植物吗？你会每天给它们浇水吗？"对于UX来说，修复文物是他们的第二天性。他们赋予了自己一个神圣的使命，那就是"好好照顾那些代表着法国文明却被遗忘了的文化遗产。"[1]

① 位于巴黎市中心塞纳河左岸的拉丁区，于1791年建成，是永久纪念法国历史名人的圣殿。——编者注

不过，为什么要偷偷潜入呢？你可能会觉得疑惑。为什么不干脆建立一家提供该种服务的合法公司呢？我们和孔斯特曼谈过以后才知道，UX比任何一家负责保管和维护法国历史及文化遗产的传统官僚机构都要高效、专注、精益求精。UX觉得他们有责任来保护这些文物，因此他们就以自己的方式行动起来了。

※ ※ ※

UX是一个另类团体，他们质疑权威，且勇敢地站出来尝试改变现状。

我们身边还有别的另类人士吗？

当然有！他们是动摇企业基石的“地痞流氓”，他们是埋在组织和社区中的定时炸弹。他们决不墨守成规，相比现实，模糊性、不确定性和可能性更能令他们雀跃不已。他们是反叛者，打破常规，挑战常人的视角。他们是怪胎，勇于拥抱自己性格中古怪的部分，但也总是在与自己内心最隐秘的欲望角力。他们是特立独行的人，不羞于借助别人的肩膀向上攀登，也不吝于分享自己的创意——无论这些想法有多么乌托邦，多么不着边际。

※ ※ ※

出生于1887年的英国医生海莲娜·赖特（Helena Wright）打破传统壁垒，以女性身份进入医疗行业，并成为性教育和计划生育服务的早期倡导者，同时还是促成代理收养服务的重要中间人。[2]现在收养已经是一种主流的实践活动，而赖特是这项服务的先驱之一。在她的诊所里，她将想堕胎的或是没有能力照顾子女的女人和想要孩子的女人进行匹配。赖特在当时被视为非常激进的人物，为了做好计划生育，她挑战社会的羞耻心理，提供有关避孕和性的教育。

此后，赖特还协助过国家计划生育协会和国际计划生育委员会。她在她的著作《性和社会》（*Sex and Society*）中论争说，人们应该把性的表现拓展到生育以外。她是“安全性行为”这个观点的早期支持者之一，提出性不应该被看作是罪恶的或是“肮脏”的行为。在她的整个职业生涯中，她始终直面来自医疗机构、社会工作者和法律系统的反对，坚持自己的改革。

海莲娜·赖特这样的另类人士在解决旁人不敢碰的难题时不仅展现了渊博的知识，还显示出非凡的才智。他们从根本上挑战现存机构的业务，开疆拓土，发掘别人因不愿冒险或过于传统而失之交臂的机会。他们引发的新思维模式和观念往往引发社会大讨论，话题涉及性、暴力、人权、平等和教育。一个真正的另类人士不只满足于为现存的服务找到一个替代品，他们还质疑这项服务存在的必要性。

以教育行业为例，有一批另类的革新者在做的不是给四年高等教育寻找一个替代方案，而是直接质疑正规的学校教育（通过非学校教育运动），试图从根本上改变学习实践活动本身。

独立学习的倡导者克钦·斯塔克（Kio Stark）在她的书《别再回学校》（*Don't Go Back to School*）中，记录了一系列这样的另类人士，这些人找到了正规教育的替代方式。用斯塔克的话来说就是，“我的目标不是改革，而是恰恰相反的……（我）并不是要改良学校（而是）要改变学习本身——并且让传统学校成为众多选项之一，而不是唯一选项。”斯塔克自己在攻读博士的过程中因感觉束缚太多而辍学。她写道，“放弃学校教育的人自有一套，他们借鉴并重塑了正规学校教育的精华部分”。

另一位另类教育创新者，戴尔·斯蒂芬斯（Dale Stephens）建立了“非学院（Un College）”，旨在向那些自学的人提供课程。斯蒂芬斯 12 岁就从学校退学了。他觉得与其坐在教室里听讲，还不如找几个辅导老师来教自己想学的东西。今天，多亏了斯塔克和斯蒂芬斯这样的人，非传统教育的市场正迅速扩大，诸如 Skillshare①和 Coursera②这样的在线平台正在为人们提供传统学位的替代品。马坦·格里费尔（Mattan Griffel）以前在 Skillshare 上教课，现在创立了自己的品牌，叫 One Month Rails③。他自学了编程，并希望能把学习编程的过程变得更简单更直观。通过 Skillshare，他招收到了 1500 多个学生，仅靠教授一门课程就获得了超过 30000 美金的酬劳。

医疗领域也活跃着这样的人才。我们访问了斯蒂芬·弗兰德（Stephen Friend），他以一种全新的方式做着对抗传统的以利益回报为基础、封闭的学术方式。[3] 他把愿意进行分享的基因科学家和生物医学家集合起来组成了一个社团，共同寻找治疗方法。德

---

① Skillshare是一个P2P的个人技能能分享网站。——编者注

② Coursera是一个大型公开课项目，旨在同世界顶尖大学合作，在线提供免费的网络公开课。网易公开课便包含 Coursera官方中文学习社区。——编者注

③一个在线编程教学网站，为拥有开发基础的人员开发自己想要的应用提供所需的编程基础知识。——编者注

国默克医药公司[①]（以下简称默克公司）是首家向这个组织提供临床和基因数据资料的公司。默克公司大约花费了一亿美元才建立起这个数据库。弗兰德正努力游说更多医药公司免费提供数据。他已经从政府、业界和基金会募集到了混合型基金。而且，医学界的一些顶级实验室，包括哥伦比亚大学、斯坦福大学、加州大学和加州大学圣地亚哥分校的医学实验室，都纷纷响应了这个倡议。

弗兰德说服研究者们不再对自己手中的数据和想法保密，而是互相合作，以彼此已经获得的成果为基础进一步探索。2009年启动以来，Commons这个项目在网上一直作为数据和模型的开放知识库而存在。弗兰德希望它会成为科学界的维基百科。弗兰德不仅是在提供一项新服务，他还在改变调研本身。

※ ※ ※

是什么在驱动着另类人士？

对名誉和声望的追求是所有经济活动的主要激励因素之一。这就是亚当·斯密（Adam Smith）所说的“公正的旁观者”，驱动着我们有所行动去获得并积累别人的“尊重”。这种驱动力无论在正规经济市场还是黑市都同样强大。

主流大众在自己的工作获得别人认同的时候会自我感觉良好，特别是得到奖金、加薪和升职的时候。另类人士与他们并无

①全球化的制药与化学公司，其历史可追溯到1668年。——编者注

二致，他们很多也很在乎自己的名声。比如涂鸦艺术家为了让同行艳羡会选择在很危险的地方作画；黑客会时常把自己的胜利发布在网上彼此炫技；一个占领华尔街的示威者，其首要目的当然是社会改革，但这也不妨碍他想标榜自己是革命者，是示威人群中特别突出的那一个。事实上，在每个占领运动中，身份等级无处不在。从最开始就参与运动的人被称为"首日占领者"。根据参与占领运动的时间长短，是否曾露宿公园，以及是否曾被捕过，示威者从他们的共同参与者那里得到荣誉感。另类人士想要获得的可能不是哈佛大学商学院的 MBA 学位证书，而是某种社会货币，而这种"社会货币"只能从他们的共同参与者那里得到。

在正规经济中，对经济收益的预期是主要动力之一。另类经济中也一样，获得经济利益、得到尊重和认可都是强大的原动力。

不过，这本书中记录的另类人士也不是个个都追求金钱。我们遇到的人中也有很多只是对富有创意的表达（如绘画、手工业等）感兴趣，或是有解决难题的需要，或是醉心于精进一项手艺和技术，或是有保护自己社群的强烈愿望，甚至也有人只是想逃避什么。很多另类人士会同意艺术家和诗人纪·哈·纪伯伦[①]（Kahlil Gibran）的观点。他说："他们觉得我疯了，因为我不肯为了黄金出卖我的时间；而我认为是他们疯了，因为他们竟认为我的时间是有价的。"

这些文字实质上指涉"双重意识"——我们从杜波依斯

---

① 美籍黎巴嫩阿拉伯作家，阿拉伯文学的主要奠基人。——编者注

（W.E.B. Du Bois）[①]那儿借用了这个词——很多另类人士都有“双重意识”的体验。他们大多数人脑中对“我们”和“他们”有着清晰的分野。必要的时候，他们能够理解、附和并融入正规体制的价值体系，但同时也保持完全独立的自我意识。

这听起来可能是反直觉的，但在另类经济领域确实有不少利他的动机在发挥作用。安德鲁·范斯坦（Andrew Feinstein）是作家同时也是活动家，我们从他那儿得知，即便是军火商，有时候也认为他们是在支持失败者或是在赋予被压迫者力量。范斯坦告诉我们，即使一个军火贩子认为，“我是在武装弱者去获取和平”也不稀奇。骗子的道德观也会很扭曲。一个伪造身份的骗子就清楚地向我们表示，他不会对那些“承受不了打击”的人下手。

在其他案例中，另类创新者的动机就单纯多了——他们只是为了生存和生计，或是为了保护家人、朋友和社区。

我们前文提过一个叫阿布迪·哈桑的前索马里海盗。他33岁，来自加尔卡尤（Galkayo），索马里中北部的一个城市。现在，他被监禁在哈尔格萨监狱，这个监狱位于索马里兰共和国（Somaliland，1991年从索马里国独立出去的国中国），关押着在非洲好望角海域劫持船只的海盗们。

哈桑以前在加尔卡尤的一家旅馆工作。但有一天，他辞了工作。回到家的第二天他就决定成为一个海盗。那时，他28岁。“我是个孤儿。”他用不连贯但尚能听懂的英语告诉我们。他父母

① 20世纪上半叶最有影响力的黑人知识分子。——编者注

在索马里内战（Somali Civil War）中丧生。作为家中的长子，他必须养活 6 个弟弟和 3 个妹妹。在旅馆工作的日日夜夜里，他目睹了海盗们的奢靡生活：他们为家人买房子，买车，还可以一直嚼阿拉伯迷药。饥饿，以及想给家人更好生活的绝望念头促使他加入了海盗团伙。

在整个海盗生涯中，哈桑都只是个步兵，负责登上目标船只并进行看守。这样的工作持续了五年，中间他参与了八次行动，两次成功得到了赎金。但是在某次企图逃跑失败以后，他被欧盟海军索马里舰队（European Union Naval Force Somalia Fleet，也称“亚特兰大舰队”）抓获。

我们问哈桑当海盗是什么感觉。他说“太糟糕了”，看着被劫持船只上的人们哭着，想知道自己能否活命，是非常痛苦的。“你觉得内疚吗？”我们问。他给了我们很肯定的回答：“当然内疚，但当时我太饿了。”通过索马里翻译，他告诉我们饥饿常常盖过了他的罪恶感。

阿布迪·哈桑以海盗为业的主要目的是养活家人，而其他前海盗团成员的动机则比较模糊，一方面是对经济收益有所期望，另一方面是想保护并支持他们的社区。

在我们的访谈中，有关索马里海盗业的成因有两点被反复提到：一是可持续就业不足，另一点就是外国捕鱼船对索马里渔业资源的常年掠夺。

1991 年索马里政府的垮台令这个国家变得非常脆弱，无法保证大多数居民的安全和健康，更别说繁荣了。政府的解体还导致海军和沿海警务机构也摇摇欲坠，这就意味着沿海渔民失去了保护，要直面索马里海域非法捕捞的外国渔船。找不到替代工作，一些渔民转而攻击亚丁湾海域（the Gulf of Aden）的外国渔船。而亚丁湾是苏伊士运河（the Suez Canal）的一部分，是连接地中海（the Mediterranean）和印度洋（the Indian Ocean）的一条重要航道。

向我们讲述这些的是一个贫穷绝望的失业渔民，他只是想拿回从他那里被非法夺走的东西。这令我们印象深刻。通过与前海盗团成员的交谈，我们慢慢了解到，当金钱的诱惑曾作为并持续成为索马里人成为海盗的原因之一时，这样的故事也在给整个海盗业注入能量，并给参与非法暴力活动提供了合理化的可能性。

杰伊·巴哈杜尔（Jay Bahadur）是一位作家（《致命海域：索马里海盗》的作者）（*Deadly Waters: The Pirates of Somalia*），同时也是一名记者，他在索马里生活工作了很长时间。他告诉我们，20 世纪 90 年代的索马里海盗业起初真的只是前渔民伙同其他人一起干的一个行当，他们靠攻击索马里近海区的外国拖网渔船为生。而早期的领导者也真的是因为觉得他们的渔业领地被侵犯了，奋起反抗而已。对他们来说，这是对外国渔船的违法行为进行罚款，以补偿他们的损失。之后，这些海盗团始祖开始把方法教给别的人，慢慢地海盗活动就蔓延到了整个索马里。

不过，从最开始，大部分索马里海盗就不是渔民出身。事实上，捕鱼在索马里只是零星作业，并不是传统职业。而且，据巴哈杜尔说，很多索马里人对以捕鱼为生不屑一顾。因此，以上我们听到的有关渔民的故事，是海盗们故意呈现给记者和作家的，以此为自己的行为脱罪。巴哈杜尔告诉我们，“除了早期确有少数一些委屈的渔民以外，这个故事并不属实”。

索马里的海盗业真正起飞是在2008年年初，当时邦特兰[①]政府（the Government of Puntland）正经历滑铁卢式的崩溃。由于无法向士兵支付薪水，导致这个国家持有武器的年轻失业者过剩。他们把加入海盗团作为挣钱的手段。邦特兰海岸警卫队甚至参与训练了一些早期海盗，教他们如何登船和导航。这个奇怪的组合——半倒台的政府，高收益的刺激，低风险，以及邦特兰的地理位置（横跨亚丁湾和印度洋）——可以被看作是索马里海盗爆炸式发展的催化剂。

尽管可怜渔夫的故事并不是大多数索马里海盗卷入海盗活动的真正原因，但它给很多海盗提供了一个很有吸引力的能将海盗行为合法化的说辞。我们访谈过的一个海盗，名叫穆罕默德·奥马尔（Mohamed Omar），在邦特兰自治州的埃勒市（Eyl）活动，他就是用这套说辞来阐述他成为海盗的动机的。“我们并没有要杀害任何人，”他说，“我们只是被攻击的穷困渔民。我们必须要保卫自己。”不过当我们问起他最喜欢当海盗的哪一点时，“钱”这个字脱口而出。他还补充说，如果出狱以后找不到工作，他仍会回去干海盗这一行。

来自索马里中北部港口城市霍比亚（Hobyo）的阿布杜（Abdu）在回答同一个问题的时候也使用了同样的口吻：“我成为海盗是因为我想拯救索马里海岸。”他顿了一下，接着说，“当然，还有赚钱。”他竭力想让第二点听起来像是后来才产生的想

① 位于索马里东北部，是一个事实上独立的国家。——编者注

法，而不是主要动机。

※　　※　　※

另类人士是不是企业家的代名词？

另类人士和企业家有一些共同点，比如他们都是天生的冒险家，靠着自己的热情和智慧追求自由和自治，但请不要把他们混为一谈。另类人士常常自我怀疑，而且很脆弱。他们拓展边界、挑战体制。当然，有时候另类人士会以企业家的形象出现，这时候，结果将非常震撼。

史蒂夫·乔布斯[①]（Steve Jobs）和理查德·布兰森[②]爵士（Richard Branson）的体内都有这样的混合型DNA。自信、渴望成功，为了赢过别人不惜血本——乔布斯是个不折不扣的企业家。他打造了世界上最成功的公司之一，对公众来说他公司的产品简直就是偶像级的。虽然乔布斯给人的感觉常常是无敌的，但他并不怕展示他脆弱的一面。（在斯坦福大学的毕业典礼上，乔布斯发表了一次著名的演讲，演讲中说道当他被自己公司炒鱿鱼的时候感觉很失败。这就是一个极好的例子。）

打从一开始——电脑行业还被保守的大型公司统治着的时候，他就在苹果公司内部鼓励另类和叛逆的精神。有一则当时在业界“臭名昭著”的广告把这一点展露无遗：

① 美国发明家、企业家、美国苹果公司联合创办人。——编者注
② 英国亿万富翁，维珍品牌创始人。——编者注

致那些离经叛道者——那些格格不入的反叛分子，那些惹是生非的家伙，如同方孔里的圆钉一样是些异类，总是异想天开。他们不满条条框框，从不墨守成规。你尽可以支持或反对他们，可以赞美或中伤他们，但你唯一不能做的就是忽视他们。因为他们改变了局面，他们推动了人类进步。虽然有人视他们为疯子，我们却称其为天才。因为那些妄想改变世界的人，正在改变世界。

无独有偶，理查德·布兰森爵士也是企业家和另类人士的混合体。两股血液促使他勇于追逐别人不敢追逐的机会，冒别人不敢冒的险。布兰森爵士有读写困难症，因此在学校并不是个出色的学生。他的第一次商业冒险是在 16 岁的时候，创办了一本叫《学生》(*Student*) 的杂志。这是一本由学生经营的全国性杂志，目标人群主要是高中学生。之后，他在一个教堂的地下室开了一家唱片店，取名叫维珍 (Virgin)。到了 20 世纪 70 年代，他存够钱注册了自己的商标，"维珍唱片"(Virgin Records) 就这样诞生了。然后他签下了一些音乐界同行不愿接手的实验性乐队，如"浮士德和文化俱乐部"乐队 (Faust and Culture Club)。

维珍品牌取得了巨大的成功以后，布兰森爵士又开始进军其他市场，比如太空旅游业，这让他的很多好朋友和竞争对手都大跌眼镜。他强大的叛逆型创业方式令他占据当下（指我们写作该书的时候）英国富豪榜的第八位，[4] 同时他也是另类经济世界中尊贵的一员。

乔布斯、布兰森可能是另类中的另类——与我们交谈过的很多另类人士甚至觉得传统的创业途径也过于因循守旧。无数另类团体——从黑客团体到 DIY 群体，从网络创造者到像“火人”的节目——都信仰非常亲和自我管理的精神。

另类人士的命脉：非常规和自我管理

2013 年年初，洪水仍在泰国大地上肆虐，已经波及几百万人，造成了上百例死亡事件。这时，泰国的另类人士行动起来，向我们展示了他们的卓越创造力。[5] 名为“泰国抗洪黑客”的博客小站在汤博乐（Tumblr，目前全球最大的轻博客网站）整理并发布了很多博文，这些博文教人们怎样自己动手制作适合于洪水环境的交通工具和设施。从用塑料水瓶做成的救生筏，到座椅被拉伸抬高的自行车，再到自家制作的水上摩托艇，各种人力设施让生活和商业活动在这场灾难中得以继续。没有人为此寻求许可，只是自然而然地去做了，并分享到博客上，从而让更多人能因此得益。

这是另类创意的绝佳案例。如果这些人在存亡关头都能想出这些点子，那在更少限制以及更多鼓励的情况下，我们不是能做得更好吗？

非常规是另类创新的一个关键动力。要消解我们所痛恨的专横的形式主义，终极途径是支持人们抛弃职位的概念，允许他们发挥真正的才能。非常规指的是让自发行为成为可能，解放人们，让他们追随自己的内在动机（价值观）和直觉，而不用遵守由外部权威强加的规则、规范和激励机制（加薪和晋升）。

非常规从古到今都是社会运动的一个关键驱动力，在“占领华尔街（Occupy Wall Street）”[①]和“阿拉伯之春（Arab Spring）”[②]中都扮演了解放公民力量的角色。而且，这种具有破坏力的精神也渗透到了商业领域。我们的机构越来越需要打破原有的组织体系，《经济学人》（*The Economist*）杂志在一篇题为“对另类人士的赞美”[6]的文章中就强调了这一趋势。这篇文章指出很多公司正逐渐用“无组织性的人”替代“有组织性的人”。“过去，全面发展的经理人才受欢迎，但现在企业开始青睐更具破坏力的创业者、极客和创意人员。”这类人才为他们的工作场所带去了更开明的工作氛围，这对培养创意和提高工作品质尤为关键。

有注意力缺陷障碍（ADD，全称为Attention Deficit Disorder）的人总是从一件事跳到另一件事，有时候无法完成他们已经开始的事情。但正因如此，他们常常思如泉涌，好点子不断。他们很容易感到无聊，因此他们的脑子总在设法变出新的可能性和新的剧本。相反，患有阿斯伯格综合征（Asperger's Syndrome）的人极度迷恋重复的任务、模式、数字和细节——这些特点如果聚集在电脑程序员身上那就再好不过了。2014年3月，《华尔街日报》（*Wall Street Journal*）报道[7]了德国软件公司（SAP公司）想招聘阿斯伯格综合征患者的新闻。该公司把这些人安排在技术岗位上，如计算机编程、排除程序漏洞、信息技术等，因为他们能非常专注于小细节。

非常规有一个双生子，叫“自我管理”。自我管理就是有权

---

①2001年，上千名示威者聚集在美国纽约曼哈顿，试图占领华尔街，意为反对美国政治的权钱交易、两党政争以及社会不公正。——编者注

②自2010年年底在北非和西亚的阿拉伯国家和其他地区的一些国家发生的一系列以“民主”和“经济”等为主题的反政府运动。——编者注

掌控自己，而不是被一个自上而下的组织所控制。2012 年的一份关于企业行为的报告发现，接受问卷调查的 3.5 万多个职员中只有 3% 的人表示在他们的企业中存在高度自我管理的行为（独立，自治）。[8]

老式的海盗发展出了民主代码来管理他们的海盗船；抗议者则仰赖于共识的建立和组织成员间的合作；开源社区建立了他们自己内部的指导和参与原则。这些团体都清楚地知道，自治能够带来信任和奉献，还能形成集体的使命和目标。在海盗船上，黑客社区里，抗议活动中，甚至城市的贫民窟里，你都会发现令人惊叹的忠诚度、参与度和团队意识，而这些都源于非正式组织的自治性。举例来说，在一个对等的水平上，黑客们也有一套规则、规范和礼仪来管理他们的行为。Linux 是当下开放源代码软件中最突出的一个，它是通过对技术、想法和标准的对等交互实现运作的。这个拥有 1800 多万用户的软件是由林纳斯 · 托瓦兹（Linus Torvalds）发起的，但如果没有来自全球各地的千万个响应，这个软件是无法成形的。我们写这段文字的时候，它还在被大约 8000 个程序员继续完善着。他们的座右铭是："让代码来决定。"[9]

另类人士喜欢自我管理的很大一部分原因是他们不信任权威，也不会轻易被迫追随别人的逻辑或命令。另类创新者们大多数是他们自己的老板，或是在网络上、在那些让他们觉得至少能够参与制定规则的社区中工作。一些开放源代码的网络社区和黑客社区在设立自己社区内的操作原则方面已经驾轻就熟了。例如，最早的黑客——麻省理工学院（Massachusetts Institute of Technology）的一群另类人士——发展出了"黑客伦理学（The

Hacker Ethic）”。用他们的话来说，就是：“访问计算机——或是学习任何可能告诉你世界是如何运行的东西——应该是不被限制的；所有的信息都应该是免费的；不要相信权威——推动分权运动；评价一个黑客的标准应该是他的黑客技术，而不是学位、年龄、种族或职位这些虚假的标准。”我们采访过的每个黑客都同意这些准则，并说这些准则现在仍激励着他们中的很多人。

为什么我们现在更需要另类人士

我们看到在另类经济中运作的很多规则都与250多年前工业革命传承下来的常规背道而驰。

工业革命的经济逻辑是以高效、标准化和专业化为基石的。从农业到纺织业，生产体系都越来越规范化。因此，对能够适应这种系统的劳动力的需求就产生了。一致性（工人之间）和高产是被鼓励的；工业的“文明美德”，纪律，现代化和服从权威是黄金标准。不适合这个模式的人会被指责为懒惰、好逸恶劳、散漫和贪得无厌。

经济历史学家已经指出，工业化的操作让工人能更高效地完成任务，提高产量和生产率。在一条工厂生产线上，女工们可以很自信很轻松且很精确地将一个螺母安在一个特定的螺栓上，速度无人能及。

但是时代变了，发达国家的人们已经不需要在流水线旁工作了。曾经喜欢娴熟和高效的标准化现在已经不适用了。

史蒂夫·马里奥蒂（Steve Mariotti），创业教育网（NFTE）的创始人告诉我们：我在底特律的郊区长大。我们教室的墙上曾贴着一张通用汽车公司的组织结构图。要是你是差生，老师就会指着图告诉你你将会在整个组织的底部工作，也就是组装线上。无论好还是差，我们都知道我们将去向何处。整个教育体系就是为了向汽车制造业输送劳动力。

今天，这样的直线人生轨迹已经不复存在。我们所处的是一个飞速变化，经济大规模转型的时代。大公司的死亡率正在上升。美国大公司的平均寿命在过去的100年里减少了50多岁：从20世纪20年代的67岁减少到了2012年的15岁。[10]除了汽车制造业以外，很多其他蓝筹行业也在衰退。制药业在八九十年代达到全盛，立普妥、波立维和舍曲林（Lipitor, Plavix and Zoloft）都是风靡一时的药物。但是现在一些制药公司正面临因业内其他无品牌公司的竞争而被迫削减内部研发经费的窘境。

如果我们听从经济学家和政治学家约瑟夫·熊彼特（Joseph Schumpeter）的话，我们就能容忍“创造性破坏”的力量自然发展，并由它去摧毁旧的经济秩序，然后建立新的。

※ ※ ※

戴夫·博迪许（Dave Berdish）是一个虔诚的天主教徒，是福特汽车公司的第三代工人。直到退休为止，他在福特公司工作了31年。他的祖父是一位杰出的劳工领袖，也是当地一个名为“600”的组织的创始人之一。“600”组织代表最大的福特汽车工厂。臭名昭著的“立交桥大战[①]”（Battle of the Overpass）中，他就在现场。当时福特公司的打手殴打了汽车工人联合会（United Auto Worker）的组织者们。和祖父一样，戴夫·博迪许也是一个另类人士，他说，“我（在福特）常常惹麻烦，总想越界。”

博迪许一开始受雇于福特航空航天，但由于祖父的不良历史记录而无法通过安全调查。所以他只好去福特汽车上班，一开始在制造部门，后来相继做过金融分析师、采购经理、采购员和供应链经理，最后在2000年调任管理福特的可持续发展部门。“我在制造部轮岗的时候，开始理解人们对健康和安全问题的担忧。”他运用在公司内部获得的经验，将福特打造成了人权方面（健康和安全问题）的全球领导者。在基本的工作条件得到保障的前提下，他开始提倡企业应负起一定的社会责任。

除了人权方面的工作以外，博迪许还参与了开发新运输途径的工作。2007年，博迪许开始参与投资汽车以外的移动工具以及城市运输方案的项目。“我们要在金砖四国[②]（BRIC）创造出中产阶级的想法是不切实际的。并不是每个人都想要或是应该有2.2部车。”他觉得未来世界里的汽车应该是一种共享资源，而且功能更强大。“车子应该回归更本真的面目。在一个超级大城市的共享经济中，你不需要卫星电台和花里胡哨的导航系统，你只需要汽车有一个功能（移动）。”

博迪许在福特公司致力于开发新的移动方案，也就是要让公

---

① 1937年5月，福特汽车阻止汽车工人联合会组织者们在荣格河工厂附近散发传单，并最终导致工会组织者与福特汽车公司的保安在天桥上发生流血冲突。——编者注

② 特指新兴市场投资代表。“金砖四国”（BRIC）引用了巴西（Brazil）、俄罗斯（Russia）、印度（India）和中国（China）的英文首字母。——编者注

司看到以汽车共享及城市公共交通如火车、地铁、公共汽车和自行车为中心建立起来的商业模型的价值。他遇到了很多困难，因为公司的重点还在汽车和卡车上，但就在这时，公司的副总裁表示了对他的支持。“她真的让我放松下来了。”他告诉我们，“她让我做我自己——一个怪人，还为我们创造出了一些激动人心的机会。”博迪许的成功部分也要归功于比尔·福特（Bill Ford），亨利·福特（Henry Ford）的曾孙，同时也是公司的执行主席。“比尔是我的恩人。没有他的话，我是不可能去冒这么大的风险的。”不过比尔·福特也提醒过博迪许，他不会因此得到升职或是被公司系统认可， 因为福特公司主要对股东负责。“这个公司每天都在被华尔街的分析师分析，”他说。但是他的工作是着眼于长远价值的，因此在内部缺乏认同。“这就是为什么我那么需要支持我工作并向我提供保护的人。”

当公司里的某些人仍然认为博迪许“应该拓展汽车制造业以外的领域”这一理念危言耸听的时候，已经有一些人清醒过来面对现实了。在美国境内，汽车的消费已经达到过顶峰，在很多别的发达国家也早已进入了平稳期。博迪许 18 岁的儿子甚至没有驾照。“他更关心自己在 iPod 上下载的东西。”博迪许告诉我们。

虽然博迪许是位另类人士，常质疑福特的未来是否还应该和汽车制造有关——这一点常激怒他的同事，但他对公司是忠心耿耿的。“在福特，要是我做成了一件事，那它的规模和影响力都是我单打独斗所无法比拟的。让我们面对现实吧，福特比戴夫·博迪许有更大的优势和知名度。”

和祖父一样，博迪许走的是激进但也忠诚的路线。“我祖父自己会批评福特，却不喜欢别人这么做。他真的非常忠诚，工作也很努力。他只是尝试把更健康更安全的工作方式带进公司。”同样，当别人“抱怨制度”或是缺乏奉献精神的时候，博迪许就感到生气。“如果你选择为一家公司工作，就应该把每天的工作都老老实实做好。要是你很有创造力，也很有热情，你就能找到途径让你的工作产生意义和价值。”

博迪许理解很多工人的孤独感和觉醒。“当你觉得自己仅仅只是一个数字或是机器里一个小齿轮的时候，会感到不安。这很正常。你在任何一家公司都会发现，最不称职的员工很多都在人力资源部门。因为那里晋升的标准和规则都相当主观武断，充溢着官僚政治。”博迪许也觉得 CEO 和最低工资工人收入间的差异令人沮丧和感到不公。但批评归批评，他从不胡乱辱骂。他恪守务实的态度。“要是你想做一些不同的事情，就去做。”

回想在福特公司的岁月，博迪许告诉我们他为他所做的一切而骄傲。他知道他所选择的路很艰难，是别人没有走过的，但他没有在挑战面前退缩，而是像一个真正的另类人士一样，勇往直前，途中还得罪了不少人——关于这一点，他同样觉得自豪。当我们问他是否觉得福特的未来掌握在像他一样的另类人士手中，他回答说：“这是毫无疑问的。”

“我觉得公司现在应该学会接纳另类人士，”博迪许说，“年轻一代中有更多这样的人。每个人都更有个性了，人们可以自由地做自己。”传统公司能否调整自己适应越来越庞大的另类人们还有待观察。

※ ※ ※

在金融系统急需激烈改革的时代，房地产市场也正分崩离析，能源领域则面临长期的挑战。本地社区危机重重：从失业到水荒，从不断增多的心理健康问题到人的幸福感下降，我们必须问问自己：我们要怎样最好地利用直觉去创新？我们要怎么帮助企业发展新的业务，既要对社会和环境负责，又要能招募并留住新一代人才，还要能满足社会的需求？

现在我们已经不得不寻找新途径重建和重塑已然被旧思想摧毁了的奉献精神。

是时候看看另类人士了。

释放另类因子的五个方法

完成在另类人士世界的旅行后，我们提炼出了五个主要原则来释放你内心的另类因子：智取，复制，黑客，挑衅和转型。每一个原则我们都会在本书的第二部分分章节详细解释。

我们的主要目的是探讨我们能从这些边缘人士身上学到什么，还有如何将学到的东西为我们所用。现实情况是我们大多数人永远都不会加入墨西哥的黑社会或者住在印度城市的贫民窟里——当然这是好事。但我们内心都住着一个“另类人士”，也就是说我们身上总有一部分不愿遵守传统的规范或者抱有与大众不同的观点。

我们的希望和目标是你能因本书获得力量，对自己有新的认识，也能从案例中得到启发，并把所得运用到你自己的行业、事业或是社区中。也希望你会被这些地下组织的勤俭、决心和斗志所激励，然后靠自己的能力“黑进”我们的私人和公共系统，改写程序来契合我们的理想。

第二部分

另类因子

2
智取

费边·鲁伊斯（Fabian Ruiz）从小就知道他想穿着西装打着领带工作。父母总是告诉他努力工作是值得赞赏的，要不断向前，即便诱惑重重也永不后退。

1972年，他的家人——爸爸妈妈和4岁的哥哥卡洛斯(Carlos)——从哥伦比亚(Colombia)移居到了新泽西(New Jersey)，费边是第二年出生的。在他还不到1岁的时候，他的家人搬了最后一次家，搬到了纽约皇后区的牙买加大道。在这里，他成长为一个安静的、勤奋好学的、喜欢研究结构的孩子。但是在四年级的时候，他的父母决定把他转入私立学校，因为他们发现费边的哥哥在公立学校卷入了帮派暴力事件。费边在私立天主教预科学校圣约翰(St. John's)最喜欢的科目是科学。“我喜欢新的想法。”他回忆说。

他的父母和哥哥曾是他的英雄。他崇拜自己的父亲——经验丰富的会计，曾在一家化学液体工厂工作，之后就职于几家大型银行；他钦慕自己的母亲——一位能很好兼顾家务和全职工作的秘书。那他的哥哥呢？“哥哥是我的一切。”费边这样告诉我们的时候，穿着一套笔挺的西装，领带打得无可挑剔。

费边的故事就此开始了。

※　　※　　※

费边一家的邻居们都知道两兄弟很亲密，费边需要帮助的时候，卡洛斯总会出现。“这就是为什么，”他用颤抖的声音告诉我们，“大家都知道我从不害怕任何东西；如果我搞砸了，我哥哥会来解决一切。”

直到有一天，费边和他哥哥的生活永远改变了。那天，他们在皇后区牙买加大道的一个公园里打篮球，卡洛斯和他的几个朋友提前离开了，而费边和其他人则留下来打完一场比赛。结束以后，费边顺道去朋友家归还手套，结果却听闻哥哥要去决斗。卡洛斯之前在一家杂货店前被枪击过，这次朋友安排他和仇人见面，地点就在几个街区以外。“我当即就做了决定，”费边说，“我一定要保护我哥哥。”费边很快冲到哥哥身边，他哥哥正跟两个朋友在一个路口等着。卡洛斯告诉他：“快离开这儿。你不该来这儿。”费边拒绝离开，他们就争执起来，这时卡洛斯的死对头坐着一辆白色的小汽车来了。

费边才 16 岁，却枪杀了他哥哥的仇人。这是他第一次也是最后一次犯罪。他被指控二级谋杀，监禁在纽约市的里克斯岛监狱。这是一家庞大且壮观的监狱，主要关押待审的或是没有被取保候审的罪犯，还有一些刑期仅一年甚至不到一年的犯人。

※ ※ ※

在被监禁初期，费边就开始像一个囚犯那样思考。他的绝望处境迫使他开始开发自己的本能：一是决心，他决定掌控自己的命运；二是独创性，让他能无中生有。

费边本能地想要自己创造机会，而不是消极地等待自己的命运在眼前展开，这种随机应变的直觉冲动导致他尝试谋划了一次越狱。他告诉我们，在里克斯岛监狱，囚犯们被分成不同的级别，根据等级住大单间或是简易牢房（其实就是一些“拖车”）。“他们把我关进一个简易牢房里……然后我意识到……这个小房间是用石头和薄钢板建成的。我要面对的是25年的监禁生活，难道都要在这个小房间里度过吗？”

他观察并分析了周围环境中的每一个细节，包括每一面墙，每个缝隙，每个角落。终于，费边发现了一个小鸟可以自由来去的废气系统。他想，“它们是怎么进去的呢？”要是能进去，就一定能出去。“我跟着鸟走就行了！”

他尝试逃跑。两个朋友为费边引开当值狱警的注意力，让他有足够时间在一次换班的时候打开通往废水槽的门（这是拖把间里的一个大废水槽，只对打扫简易牢房的“家政帮”开放），然后在半夜通过天花板滑出去。当晚例行检查的时候，一个朋友会睡在他的床上避免过早引起怀疑，为他争取时间。凌晨两点，费边出现在了简易牢房的屋顶上。他自由了。但要到地面上，还要走很长的路。他从一个屋顶跳到另一个屋顶，在数不尽的拖车牢房尽头是停车场的围墙，在那之外则是一片水域。

他最初的计划是从停车场溜出去，但结果发现根本不可能：狱警们就在入口处抽着烟闲聊呢。他改变了方向，发现了一条无人看守的逃跑路线。他跳到地面上，开始翻越把他和自由隔开的围墙。前两个他成功了，但最后一个有 20 英尺（约 6 米）高，而且布满了带刺的铁丝网。费边已经能闻到另一边水的咸味了。他把一条毯子盖在铁丝网上，然后强忍着疼痛往上爬。但这是不可能成功的。而且这堵围墙是用水泥筑成的，也不可能打出一个通道。当阳光开始照亮天际的时候，他感到阵阵恶心。他躲在一辆特种挂车下面，盼望可以等到天黑再试一次。但是早上 7 点，警报声就响彻了整个监狱。直升飞机在他头顶呼啸，狱警的脚步声在他四周响起。最终，警犬也出动了。他听到一个狱警对着对讲机说，“我觉得我找到他了。”

“当时，我都能看到那片水域了。”他告诉我们。

※ ※ ※

费边因为企图越狱又获刑一年。这次他的等级变成了“CMC Max A”（中央监控，最高安全级别）。他在“小黑屋（禁闭室）”里待了几个月，在那里他意识到自己的聪明才智应该用在其他方面，用在更积极的地方。

慢慢地，他变回了那个安静好学的自己。他把大量的时间用在阅读上，从漫画书到古典名著，从《时代》(*Times*) 杂志到《圣经》，从圣经律法到《古兰经》，什么都读。由于他曾企图越狱，对于监狱的安定来说是一个威胁，因此被频繁地从一个牢房转到另一个牢房。他拒绝加入监狱帮派，这在 20 世纪 90 年代初是非常另类的。

他开始学习纽约的刑法，并取得了律师助理证书。他长时间地漫游在法律书籍、过往案例中，写书面申请并提交报告。他做过律师助手，这对他来说是一生中最重要的经历。“终于，我找到了打开那扇紧锁着的大门的钥匙。”他告诉我们，很多囚犯因为无能，只能将信息按照主流社会的解读方式来使用。而作为一个随机应变的高手，他意识到他必须聪明地使用自己能支配的一切。

费边不仅学习法律知识，还从一个社区大学获得了文科准学士学位。此外，他还有水管工助手证书和电工助手证书，在除石棉、艾滋病防治、青年援助、反暴力等方面也获得了相应的资格。他甚至办了一份杂志，名叫《饶舌小报》(*Rap Tablet*)，主要是关于饶舌歌曲和监狱新闻的。

被关押在监狱里的 21 年中，他航行在这些不同的知识海洋里。“我在监狱里学到了有关生活的所有事情。我在这个大房子里度过了 18 岁生日，21 岁生日以及其他所有重要的日子。”他一直在学习、观察、夯实技艺以便 38 岁出狱以后能派上用场。他有一个笔记本，随时记下脑中出现的点子。“在出狱那天我把它（笔记本）留在了监狱里。但我永远不会忘了它，因为上面所有的内容都记在我脑海里，没有人可以拿走。现在它指导着我所做的一切。”

当费边在被释放走出监狱的时候，“我觉得摇摇晃晃脚底不稳，”他回忆说，“地面的感觉很不真实。”但当他走进围墙外的世界的时候，并不是一无所有，而是带着他在狱中学到的所有技能。

※　　　※　　　※

我们采访费边的那天，是他出狱后第360天。费边在被监禁期间磨练出来的随机应变的能力现在用到了积极的方面。我们写下这些的时候，他正在Defy Ventures受训。Defy Ventures是一个总部设在纽约的公益项目，目的是帮助有犯罪前科的人开始他们的事业。主流人群可能觉得Defy是一个边缘企业。其实它是由它的管理者和一些私人基金资金资助的公益企业，主要是“向一些经过精心挑选的有犯罪历史但有理想的人提供足以改变他们人生的创业、领导及职业发展机会”。

费边的公司叫Infor-Nation，是一家经营邮购网络信息的小公司。它可以帮助囚犯获得网上的合法信息，及通过搜索引擎获得的信息。有很多原因导致大部分囚犯接触不到网络。费边自己在监狱里的时候，他的家人常给他送去打印下来的网络信息，以推进他的案子进展，帮助他思考回家以后要做什么。有因特网的辅助，再加上他对图书馆的了解，他也帮助狱友上诉、写书面申请和提交报告。

然后，费边就有了这个点子。他想，要是我能将外面的信息带到里边来，向别的犯人提供这样的服务会怎么样？如果所有进出监狱的信件都会被阅读审查，那么即便一个犯人想要打印出脸书上的信息，或是一个电邮，或是能帮助他在服完刑后开始新生活的信息，又有什么问题呢？

他在 Defy 的“五月五日节”比赛中获胜以后，得到了 2000 美金的启动资金，并被列入培养方案，以进一步推进他的商业计划。在辛勤培育 Infor-Nation 的同时，费边做着繁重的建筑工人工作来支付账单。“这是我作为有案底的人能找到的唯一的工作。”他这样告诉我们。

“当你为这个公司投资的时候，”他试图说服评委，“你不只是在我身上投资，而是为那些与我们的世界完全隔绝的人投资。现在他们与世隔绝的状态对社会是有危害的。”

费边，以及其他所有我们采访过的已获释罪犯们，都提到用以维持干劲的热情有多重要。“我总是全身心投入。”费边告诉我们他小时候有一次穿着一件变身斗篷从一座楼上跳了下来。“我当时是那么确定我能飞。”他大笑着说。在监狱里生活，你的心态和从楼上往下跳差不多，要么生，要么死。如果你不幸卷入一场打斗中，那你最好拼尽全力，不然你就得死。“你不可能出一拳然后逃走。”

我们和费边的交谈快结束的时候，他注意到我们笔记本上的一句话：“海盗、恐怖分子、电脑黑客、城市黑帮和硅谷精英有什么共同点？——创新精神。”费边评论说，“这很有意思。我们和那些来自硅谷的人有什么不同呢？除了他们在小时候做了更好的决定以外，和我们没什么区别。”

※ ※ ※

智取

“和流行的观点相反，”作家兼喜剧演员弗兰·莱博维茨（Fran Leibowitz）曾带着讥讽的口吻说，“智取并不是什么新鲜玩意儿，只是一个老掉牙的业务流程。”它可能由来已久，但今天它成了商业世界中的常用语。招聘广告，特别是小公司的招聘广告中，有时候“智取”会成为对有抱负的应聘者的要求。

往回追溯“智取（hustle）”这个词的意思，你会发现它曾被用来描述通过非法或暴力手段取得一些东西，或指进行欺诈或诈骗。[①]然而，这个词的现代流行用法正在改变。现代管理术语中随处可见智取，智取行为和智取者。

在另类经济词典中，我们把“智取”定义为“无中生有”，更快地应变，以物易物，以及积极主动地创造机会而不是等着机会来敲门。“去智取”意味着身体力行，精益灵巧，努力工作，足智多谋，能屈能伸，有进取心，有过人的勇气或者好运气。

“智取”是实干，就像费边·鲁伊斯在监禁期间所做的那样；是足智多谋，善于抓住机会，并会精打细算——用很少的钱做很多事情；是学会创造自己的命运。灵活开放的心态让智取者在不同的世界游刃有余，而且能将从一个世界获得的视角运用

① 《牛津高阶英汉双解词典》将hustle解释为竭力地（有时以欺诈手段）兜售或获取（某事物）。——编者注

到另一个世界。一个有效率的智取者能够不留痕迹地移植概念框架，搭建有用又有价值的联系，还能把技术和能力从一个领域嫁接到另一个领域。

当你在“智取”的时候，没有什么大师级的计划，你只是即兴创作，或是回应生活向你抛来的问题。“智取”是锁定一个想法后的勇往直前。你不需要庞大的资源，也不需要完美的团队，更不需要合适的环境。大多数创意都诞生于限制性的环境之中——源于挑战甚至萧条。

※ ※ ※

从私募基金到牢房

Defy Ventures，这个帮助费边 · 鲁伊斯建立起 Infor-Nation 的机构是凯瑟琳 · 霍克（Catherine Hoke）创办的。

霍克曾在帕罗奥图[①]（Palo Alto）和纽约做风险投资，在私募股权方面也刚起步，有着大好前程。25 岁的时候，她去罗马尼亚做志愿者，在一个孤儿院里照顾 HIV 呈阳性的孩子。她回来以后，就开始“祈祷能获得一个机会，将我对受到不公平对待者的同情和我对商业的热情结合起来”。

霍克对从事私募股权工作并不感到满意。她渴望那种充满爱和奉献的更有意义的生活。用她的话来说，就是“躺在钱堆上死去对我没有吸引力”。

① 美国加利福尼亚州圣克拉拉县内的一座城市。——编者注

26 岁的时候她的祈祷得到了回答。那天她参加教会活动，来到了德克萨斯的一个监狱。这趟旅程改变了她的人生轨迹。在这次访问中，她并没有觉得这些男囚罪大恶极，而是看到了他们身上创业者的潜力。以她作为风险投资家的眼光看，这些人中很多都具备创业者的特质。

就在这一年，霍克和她的丈夫搬到了德克萨斯，创立了监狱创业计划（PEP）。霍克将她的全部积蓄都投资到了这个项目中，到 2008 年这个项目的预算已经达到了 320 万美元，约是她最初投资资本的 60 倍。

10 年后，PEP 获得了极大的成功，广受赞誉。通过提供多种课程——从如何建立一家公司到如何从过去走向更积极更有意义的未来，它帮助犯人们做好准备好再次踏入社会。

PEP 的 2011—2012 年度报告称参加这个项目的犯人只有 5% 的再犯罪率（比美国平均水平的 40% 要低得多），意味着只有 5% 的获释囚犯重蹈覆辙（我们不得不认为多亏了 PEP，这些曾经的罪犯将自己的精力投到了更有意义、收益更大且合法的地方）。在 5 年内，有 500 个学生从 PEP 毕业，其中 60% 开始了自己的事业，很多人自己成了雇主。从设想到把 PEP 变成现实，霍克把工作轴心从私募股本转移到了监狱囚犯身上。不过她的故事没有就此完结。

霍克在 2009 年离开了德州，原因是她与 4 名 PEP 毕业生之间存在不正当关系。德州政府威胁说只要她还在，就要关闭这个项目，她只好辞职。她从一个英雄变成了丑闻的主角。“我都不想活了。”她告诉我们。当时她认为自己彻底垮了。

但霍克最终还是站起来了，就像她当初教导PEP学员的一样。智取是百折不挠，是竭尽全力重新聚集能量和热情以成就一些事情；它意味着勇往直前，不轻言放弃，在不断反馈、学习并坚持中心原则的基础上调整方向。去智取就是挑战命运，是用正能量顽抗或巧胜一切负面的波折，培养出从意外中发现有价值事物的能力。

霍克调动起这种精神，移居到纽约创立了Defy Ventures。作为课程的一部分，前罪犯们要参加为期一年的“MBA”式的项目，每周花16个小时学习商业基础知识，包括如何为一家公司命名，如何处理知识产权的问题，如何在公众面前发言，以及如何看资产负债表。学生要写商业计划，并为他们的事业竞争种子基金。

从2010年到现在，Defy Ventures已经为学员们——也叫做“培训中的创业者（EITs）”——募集到了超过1300万美元的资金。我们写到这儿的时候，已经有115名EITs毕业了。他们创办了72家公司，都是由Defy资助培养的。这些公司已经创造了35个新的就业机会。学员的就业率达到87%，而再犯罪率不到5%；据报道他们的收入在参加Defy的六个月内增长了94%。

除了费边·鲁伊斯以外，我们还采访了Defy项目的其他参与者。我们发现他们和费边一样，智取的能力得到了很好的磨砺，他们非常善于发现机会。一个Defy的创业者告诉我们，“我可以从任何东西上赚钱。”

另一位Defy毕业生，路易斯·马丁内斯（Luis Martinez）曾是一个毒贩，现在开了一家叫Brooklyn Joe Painters的公司，经营绘画和模型重建。他说，是他在监狱里学到的生存方法帮他塑造了现在的新生活。他所说的监狱生存方法就是就地取材物尽其用，不把精力浪费在得不到的东西上，为了最终完成工作而勤勤恳恳地去做小事。

乔斯 · 瓦斯克斯（Jose Vasquez）也曾是一名毒贩，靠贩卖海洛因赚了 75 万美元。现在，通过 Defy Ventures，瓦斯克斯教其他前毒贩和有前科的人怎么把他们的街头技艺充分应用到合法活动中，这样他们就可以在主流行业找到工作，或者开始他们自己的事业。他教他们学会如何发展出自己独特的品牌和包装，如何管理团队，如何提供可靠的客户服务。

Defy 的课程融合了传统的商业训练如怎么写简历及商业计划，和一些更软性的技能如沟通技巧及怎样自我提升。Defy 项目还将趣味性带进了训练中。霍克告诉我们："很多学员来自街头，还进过监狱，他们都面临着巨大的压力。他们中很多人没有真正经历过童年。"这个项目有一部分的目标就是要把轻松和幽默带给参与者，让他们可以重获些许童真。全世界旨在培养这种精神的项目有不少，Defy Ventures 只是其中的一个。

贝莉 · 艾伦（Baillie Aaron），毕业于哈佛大学，创立了 Venturing Out, 是一个总部在波士顿的监狱创业项目。当我们问起她为什么要做这个项目的时候，她告诉我们在她担任普通教育水平考试辅导老师的时候，她曾帮助囚犯学习，常常从三年级教到十二年级。有一名学生改变了她的人生。"当你按照常规方法比如用苹果、派和铅笔来解释一个数学问题的时候，他听不懂。但当我以销售、利润为例的时候，他一下子就明白了。许多犯罪分子对做生意、销售以及利润都有着超前理解。”

为什么这些罪犯能成为优秀的企业领导者，亚伦有自己的观点。她认为这些人一般都成长于险象环生的环境中，因此 Venturing Out 的毕业生一般都比较灵活，更善于应对创业过程中会遇到的挑战。而且因为他们的不良背景，很多学员都很安静细心，在她看来这更利于他们发现趋势和新模式。

调查研究支持了这个观点：一些犯过罪进过监狱的人的确有创业者的资质。来自霍夫斯特拉大学（Hosftra University）的马修·C·桑菲尔德（Matthew C. Sonfield）主导的调研[1]显示罪犯的确有很强的创业能力。另一个研究“自己创业能赚钱吗？迈克尔·布隆伯格①（Michael Bloomberg）们，热狗小贩和回归自我雇佣”中，罗斯·莱文（Ross Levine）和约纳·鲁宾斯坦（Yona Rubinstein）将创业者定义为参与创造性或风险活动的人［如比尔·盖茨（Bill Gates）和麦克·布隆伯格（Michael Bloomberg）］，而不仅仅只是自我雇佣那么简单（如水管工或者木匠）。他们在梳理成功创业者需具备的特质的时候，有一条很引人注目，那就是青少年犯罪。两位作者发现那些在青少年时期曾卷入“暴力、非法、危险活动”的人更有可能变成成功的创业者。[2]

今天，美国有 240 万人在押。[3]对于罪犯们来说，释放以后找到一份有价值有意义的工作几乎是不可能的，因为大部分企业都不愿意聘用有犯罪记录的人。失业的前罪犯与有工作的那些相比，再犯罪率要高出 3 到 5 倍。[4]凯特·霍克（Kate Hoch）和贝莉·艾伦（Bailee Alan）提供的创业教育和指导有助于解决获释

① 美国政治家、企业家。三度当选纽约市市长。——编者注

犯人们重新融入社会的难题。这些犯人必须将他们在犯罪生涯中获得的技能转变成在正规经济社会中适用的技能。霍克称之为“转换智取技能”。

※ ※ ※

和费边·鲁伊斯一样，很多参加Defy Ventures、Venturing Out课程的罪犯都培养出了机智和节俭的思维模式，而这正是智取精神的核心：愿意就地取材达到目的。高效率的智取者只关注自己拥有的东西，而不去羡慕自己所缺乏的，并且他们会找到使用这些有限工具的新方法。他们还知道不该等万事俱备才开始他们的冒险，所以他们在自己的车库或者或者卧室里就行动起来了，比如苹果和维珍唱片。

智取不是胆小鬼的游戏。可能要花费上好几个星期、好几个月甚至好几年，你的努力才会结果。这意味着毅力和忍耐力是智取者军火库里至关重要的武器。

※ ※ ※

并不是只有前囚犯和改造后的罪犯才懂得智取。我们所处的时代，金融危机已经钳制世界多个经济体达十年之久，对没有基础的人和企业来说要创造机会和财富更难了。

在西班牙，2008—2009年的全球金融危机导致的经济衰退逐年加深，年轻人的失业率接近50%，很多西班牙人只能在非正规经济中寻找出路。罗伯特·托纳贝尔（Robert Tornabell），巴塞罗那Esade商学院的前院长告诉《纽约时报》（*New York Times*），“如果没有地下经济，我们现在很可能正处于剧烈的社会动荡中……多亏地下经济和家庭人际网络的支持，很多人才能维系他们的生活。”[5]

西班牙人只是尽己所能度过困难时期。以以物易物为原则的实体跳蚤市场和零售商店在全国如雨后春笋般出现。在过去，西班牙人觉得买卖二手商品是很丢脸的，但现在这已经变成应对经济危机的平常选择。同时还出现了名为“时间银行（Time Banks）”的网上平台，西班牙人可以通过它交换服务、技术和知识，也可以做贸易。这些平台让找不到工作的或是失业的人可以拿他们现有的东西如技术、时间，甚至是不用的老旧家用电器去交换他们需要的东西或服务。

不只是在西班牙这种在挣扎求生的发达经济体中，“合作消费”的趋势在全世界都开始生根发芽。像瑞秋·波斯曼（Rachel Botsman）和鲁·罗杰斯（Roo Rogers）在他们的书《我的就是你的》（*What's Mine is Yours*）中就说，共享、交换和买卖闲置物品、时间及服务是一个上升的趋势。从Airbnb（一个租赁网站，注册用户从2012年年初的12万个增长到现在的30万多个）到ZipCar（一项汽车共享服务，2013年1月的时候以5亿美元的价格卖给了Avis①）。人们已经从固定的常规的“拥有它”的模式变成了更加灵活的非正式的“交换它”的思维模式。

---

① 阿维斯出租汽车公司（与Hertz齐名，为美国两家最大的供旅客租用自己驾驶的出租汽车公司）——编者注

非正规经济的重要性在别的欧洲国家也开始显现出来了。比如在英国，英国皇家艺术协会（RSA）和社区连线（Community Links）2012年9月的一项研究[6]发现非正规经济正欣欣向荣，而且它的存在事实上对创业群体的健康发展非常重要。这项研究强调，创业者在正规化他们的活动以前，必定会经历一段时间的非正规状态。

他们常常不得不靠随机应变来站稳脚跟，比如用一个技术去换另一个技术，用一个网站设计交换一个营销策略，或者通过非账面的形式付款给供应商。而且，因为注册一个公司会带来很多法律监管问题，如繁重的税收，极低的金融信贷额度，耗费大量时间走程序。该研究所做的YouGov民意调查发现20%的小企业业主在创业初期都曾进行过“非正规交易”。

一个常见的错误观念是这些以非正规手段工作的人都是想多赚几块钱，靠偷税漏税从政府身上揩油。一些人的确是这样。在英国，每年因这些未申报过的工作产生的费用大约有2000亿英镑（约合3280亿美元）。[7]但我们必须承认，非正规状态是小企业成长过程中的重要一步。

在危机四伏的经济中，鼓励用任何手段创业似乎是明智之举。RSA调研了1/5的小企业，其中40%的小企业创业者表示在起步阶段，他们参与过非正规交易。因为这让他们能够“夹缝求生，在有能力注册公司以前有喘息的空间”。只有9%的创业者说他们这样做是为了获得额外收益。

而且，在美国，由于自由职业经济的增长，智取的精神已经成为主流。据预测，到2020年，40%的美国劳动力将由自由职业者、合同工和临时工构成。[8]没有了传统的工作，很多人都在寻求更多元化、更有创造性的收入源，并且时刻准备抓住创业机会。

※ ※ ※

危机是催化剂

2008年金融危机袭击了俄亥俄州的威尔明顿市（Wilmington, Ohio）。国际货运公司DHL在威尔明顿和附近的克林顿县(Clinton County)裁掉了9000个员工。这个县城从俄亥俄州失业率最低的地方一下子变成了失业率最高的地方。当时，25岁的马克·伦伯特（Mark Rembert）刚收到和平工作队（Peace Corps）的录取通知书，正等着前往厄瓜多尔（Ecuador）。而他的童年好友泰勒·斯塔克特（Taylor Stuckert），也在和平工作队服务，在玻利维亚（Bolivia）待了9个月以后，因当地政局不稳刚刚撤离回国。

DHL裁员的消息刚刚放出来，雷曼兄弟（Lehman Brothers）就宣布破产了，全球金融危机正式上演。“整个经济在我们周围崩塌下来。”伦伯特说。两个好朋友意识到金融危机正在侵蚀他们所在的社区，就毅然放弃了通过和平工作队追求国际发展的机会，决定留在家乡做一些事情。

这是一个思维上的调整。正如斯塔克特说的：“我停下来告诉自己，‘我在这里，我必须试着做些什么来改变现状’。”伦伯特和斯塔克特开始把注意力和精力集中到解决他们家乡的问题上。突然间，这两个好朋友就把自己的思维模式从消费者的角度转换到了生产者的角度。“因为你是本地人，你就没有权利抱怨。要是你觉得自己家乡的文化、政治或是娱乐都糟糕透了，你就得做点儿什么来改变它。”他们发起的第一个活动是“购买本地产品”。他们提高本地企业的认知度，鼓励居民购买它们的产品。这个活动吸引了250家当地企业参与，激活了4000名消费者。在整个活动过程中，本地购买增长了25个点。

我们常常把智取和牛仔风格的“独行侠”式创业联系在一起，这种创业是通过个人的努力和毅力来达成的。但是伦伯特和斯塔克特希望催发的是团队型的智取。他们不想看到整个社区团体消极地等待经济复苏。“对我们来说，也就是不要再指望大企业、政治家和其他外来投资了。”斯塔克特告诉我们。

在推动社区改变的过程中，他们本着非营利的宗旨打着“让克林顿县活过来”的旗帜，激励了很多当地人参与。由于他们了解和平工作队的经济发展模式，就在此基础上提出了一个本地社区青年计划，把当地的年轻人和该地区内需要支持的小企业联系起来。同时他们继续扩大“购买本地产品”活动的影响力，使其遍及俄亥俄州中南部的六个县区。伦伯特和斯塔克特还与城市谋求合作，安装商业太阳能电板，并与私人和公共部门建立伙伴关系，引入更多投资开发当地的替代能源。他们正在参与的项目还有一长串，从推动本地农业市场到注重专业技能的培养，防止人才向城市流失，等等。

这两个好朋友最伟大的壮举是接管了当地的商会。这个商会已经因为债务和管理不善问题而千疮百孔。“我们希望商会真正成为支持本地企业的平台和资源库。”自从接管商会以后，他们招募了一百多个新会员，建立了新的网站，发布每周简讯，让会员们了解每个潜在的机会。

现在经济危机过去了，他们的新挑战是激励社区在没有大企业的情况下仍保持经济活力和弹性。“DHL 裁员是短视的结果，”他们说，“这家公司从公共基金得到的 5 亿美元只够养活员工 10 年左右。DHL 不是问题的根本原因。”斯塔克特说，“但它为我们敲响了警钟。”讽刺的是，如果 DHL 明天要求回到这里，伦伯特和斯塔克特两人都认为县里还是会张开双臂欢迎它的。“但是我们不应该把公众的钱白白送给跨国公司，”他们说，“我们应该投资本地的小企业。”他们俩正努力让社区保持自立根生的状态，确保它不再回头依赖大企业。

对同样想让社区自力更生的人，他们的建议是：“你需要学会成为一剂催化剂，而不是一个独裁者。有领袖魅力当然能够助力你在做的事情，但现在已经不是个人英雄的时代，最重要的是学会如何找到解决问题的办法。”他们从事的很多工作也不仅只有关企业发展，还有让威尔明顿人明白自己希望威尔明顿有怎样的未来。“让一个社区学会自我批评，让这个社区里的人感到是自己在决定经济优先权，这才是关键。”伦伯特这么认为。

很多人认为智取就是把自己的小村镇抛到脑后，到大城市去追逐功名，但伦伯特和斯塔克特提供了一个完全不同的定义。他们在本地投资，把他们从国际上学来的发展经验带到了自己的家乡。对他们两人来说，留在威尔明顿不只提供了一个改变的机会，也逼着他们去面对自身的问题，促使他们成长。“和逃避相反，你必须梳理你对这个地方不舒服的感觉。而且，你和一个地方的矛盾其实只是你和自己的矛盾而已。”伦伯特这样告诉我们。这是一个相当新颖的视角。在一个高迁移率和高移民率的时代，大家生怕错过机会，而小城镇的生活似乎是这种忧虑症的良药。

伦伯特和斯塔克特并不是孤军奋战。在美国各地，特别是在东南部和老工业区，另类人士正带来 DIY 的风潮来重振社区，促进经济复苏。阿拉巴马州的格林斯博罗市（Greensborough）也正经历艰难时期，但多亏社区自己的应变和努力，经济反弹回升的希望很大。

历史上，黑尔县格林斯博罗的棉花产业曾很繁荣，现在却陷入了困境，猫鱼取而代之成为经济的主体。但是这个地区仍因缺乏本土产业而很贫穷。在黑尔县，我们采访了帕姆·多尔（Pam Dorr），一个另类人士，正致力于帮助社区自力更生。多尔来自加利福尼亚，曾与维多利亚的秘密①（Victoria's Secret），Espirit②和 babyGap③等大品牌合作，但十年前，她移居到阿拉巴马（Alabama）乡下。多尔是作为一名志愿者来到黑尔县的，目的是来帮助建造低成本经济适用房，但结果她爱上了这个地方，再也没有离开。

1994 年，她结束志愿者工作以后，启动了一个叫 HERO 的项目，致力于推动地区发展，终结了阿拉巴马“黑腰带”（Black Belt，因土壤肥沃得名）地区农村的贫困状态。“黑腰带”地区人平均年收入仅为 2.2 万美元。[9]

---

① 全球著名的性感内衣品牌之一。——编者注
② 国际性年轻的时尚生活品牌。——编者注
③ 美国休闲时尚品牌。——编者注

多尔通过 HERO 与当地居民一起努力创造经济机遇。HERO 发起的经济试验包括一个当地的旧货商店、日托中心、自行车商店、馅饼店、珠宝生产线以及一条睡衣生产线。她还向高中辍学的年轻人提供教育机会，并把参加培训的年轻人和她自己的商业项目联系起来。“我没有什么万全的计划，”她告诉我们，“不要怕犯错。试验，失败，再试验就可以了。”

多尔告诉我们格林斯博罗地区已经流失了很多人口，这些人移居到了别的地方。因此她的工作重点是培养当地人的技能，发展当地经济，这样人们才会为自己家乡自豪。“在一个小城镇里，我做的工作是有价值的，”多尔说，“你可以看到并感受到这种影响力。”

在格林斯伯格，阿拉巴马，威尔明顿，俄亥俄州，社区纷纷点燃了郊区自主发展的星星之火，培育更好的本地经济弹性和自给自足的能力，激励社区拿回经济自主权。

※ ※ ※

我们在本书的开篇介绍了瓦利德·阿卜杜·瓦哈布（Walid Abdul Wahab），这个年轻人想通过他的公司沙漠农场（Desert Farms）在美国建立起骆驼奶贸易。

但是美国现有的骆驼数量对于瓦哈布这样想发展骆驼奶业的人来说是一个巨大的障碍。因为如果骆驼奶的需求增长了，就意味着需要更多的母骆驼，结果就是公骆驼的数量也要相应增加。但目前这些公骆驼又没有明显的商业用途——美国人对骆驼肉的需求量非常小。因此要平衡公母骆驼的数量就变成骆驼饲养主的一个大挑战。另外，进口限制也是一个很大的障碍，严格的法规让引进骆驼异常困难。

骆驼在美国的历史要追溯到 19 世纪 50 年代中期。道格 · 鲍姆（Doug Baum），一位出生于德克萨斯的美国骆驼历史学家给我们讲了一个很有趣的故事。鲍姆以前是一名郁郁寡欢的动物园管理员，就职于田纳西州的纳什维尔（Nashville, Tennessee），负责带孩子们骑骆驼玩儿。当他发现自己在工作中得到的乐趣很有限的时候，他就开始“研究骆驼”。动物园的游客常常送给他关于动物的书籍。一天，他得到一本详细讲述美国骆驼历史的书。他如饥似渴地读完了这本书，然后辞掉了工作，买了两头骆驼。鲍姆现在边环游世界边讲述自己的故事。

骆驼首次被政府官员带到美国是用作军队在西南部不毛之地的交通工具。到 1885 年，国会批准了 3 万美金的骆驼采购计划。这要归功于同盟国领袖杰弗森 · 戴维斯（Jefferson Davis），他全力支持了“美国骆驼军队”。美国内战（the Civil War）以后，骆驼就被变卖了，流入个人手中。从那时起，骆驼就主要存在于美国社会的主流视线以外。我们写这段文字的时候，据鲍姆说：“美国有 2000 头左右的阿拉伯骆驼（Arabian camels）和 300 到 500 头双峰骆驼（Bactrian camels）。其中一些为动物园或是马戏团所有，但绝大多数属于私人财产。这二三十个拥有骆驼的人饲养、售卖骆驼或者让骆驼工作。每个人饲养的骆驼数量从 8 头到 80 头不等，其中很大一部分散落在全国各地的私人游艺牧场。”

尽管美国的骆驼数量很少，骆驼进口政策也很严格，瓦哈布和他的供应商还是坚持下来了，他们的努力已经初见成效——虽然还是小规模的。诚然他们前行的道路上布满了荆棘，但他们有一个优势：被称为“白色黄金”的神秘的骆驼奶具有药用价值的言论已经慢慢传开了，人们对骆驼奶的需求因此正在缓慢上升。

就骆驼奶对健康的益处，沃布很谨慎地没发表任何评论，不过他的确知道他的客户中有 90% 是自闭症儿童的父母。

※ ※ ※

骆驼奶业是典型的另类经济。这种奶产自一种奇异的动物，它们不太好看，也没什么特别的魅力，从未被主流大众接受过（至少在美国是这样），可以说是动物界的另类。骆驼奶也不寻常，它神秘的保健作用被广泛认可，却没有被科学地证实过。买卖骆驼奶困难重重，我们访谈过的骆驼奶业从业者都说这个行业是一个真正的挑战，因为缺乏统一的监管——至少在美国是这样，而且有一堆官僚障碍。但不管怎么说，仍然有一群人兢兢业业，决心把这个行业推动向前。

身处这个另类行业，瓦利德·阿卜杜·瓦哈布展示出了智取的精神。对瓦哈布来说，让“沙漠农场”走上正轨并不容易，他背负着父母对他的期望，还要克服法律障碍，与美国食品药物管理局（FDA）斗争，应对主流文化对他产品的阻力，并与抵制科技的阿米什农民建立起正式的合作关系，而且还要在美国骆驼数量很少的情况下努力扩大他的产业。面对这种种挑战，瓦哈布坚持下来了，用他的干劲和决心不断追寻他的目标，向建立一个大规模盈利的骆驼奶公司迈进。

智取就是发现一个点子然后全力去实现它，而这正是阿卜杜·瓦哈布所走过的路。他的旅程的起点是一个密封塑料袋里的骆驼奶，走向了一个公司的建立，最终可能在美国打造一个全新的行业。

从我们采访过的前囚犯们，到正重建小城镇的乡下智取者，还有我们遇到的骆驼奶业从业者身上，我们看到了另类经济的智慧和韧性。一个智取者不会等到万事俱备才行动。一个真正的智取者把命运掌握在自己手中，使用任何可支配的工具，用不可阻挡的信念推动自己努力生存下来，或是成就一些事情。

3

复 制

《水浒传》成书于 14 世纪，这是一本描写宋江生平的小说。①宋江是一个劫富济贫的英雄人物。人们常把这个故事和罗宾汉 (Robin Hood) 与他的伙伴们联系起来。现在，这个故事好像又有了新鲜的运用，就是和山寨文化进行类比。

“山寨”这个词指的是盗版，模仿名牌，仿冒商品。但是“山寨”的概念并不只指向假冒产品，也包括根据消费者的口味调整产品。当一些人指责山寨纯粹就是剽窃和盗版行为的时候，另一些人指出了它的原创性：不只是模仿现有产品，也会加强或调整技术以适应本土市场和低收入人群的需求。

这种挪用在快速消费品技术领域特别明显。最常见的“山寨”案例出现在电信行业。山寨创新者出售的手机价格仅为品牌机的

① 《水浒传》是中国四大名著之一，全书描写了北宋末年以宋江为首的108位好汉在梁山起义，以及聚义之后接受招安、四处征战的故事。——编者注

1/5。[1]2010年，《金融时报》估测山寨手机占到2G手机市场的20%左右，这应该是一个比较可靠的数据。除了手机以外，“山寨领域”正扩张到更复杂的产品线。

在另类经济中，山寨创新企业所采用的拷贝策略虽然非法，但很聪明且利润丰厚。复制让本土小企业和初创企业一开始轻松不少，因为它们所模仿的产品已经建立起了市场并且被证明是有利可图的。这就创造了一条既快速又可靠的收益流。在这些企业中，模仿只是权宜之计，模仿提供了一条捷径，让刚成立的公司可以赶上现存的其他公司，并把制造技术移植过来。在借力成功以后，这些公司就可能在逐渐成熟的过程中选择远离它们的山寨根系，并设法保护他们新挣得的市场份额。

说到底，其实这种罗宾汉式窃取知识产权的方式并不是什么新鲜玩意儿。美国在发展工业的过程中也曾经历过“山寨时期”，当时它从欧洲窃取了不少专利。比如18世纪末19世纪初，棉纺织厂和纺纱机的机械设计就是由机械师从英国偷偷带到美国的。[2]多伦·S·本·阿塔尔（Doron S. Ben-Atar）在《商业秘密》（*Trade Secrets*）中就写道：“对知识产权监管不严是美国经济奇迹的一个主要动因。”

说到底，模仿不是制造新产品，是把在正规市场中完全独立的元素搅在一起。举个例子，你和我买手机的时候不是选择iPhone就是选择安卓系统，买的电脑不是Macbook就是Windows系统的个人电脑。除此之外，别无其他。而山寨创新者则专门找菜单以外的：看着像iPhone的智能手机，使用的却是安卓系统；看着像Mac的笔记本电脑，运行的却是

Windows 系统。

复制，不复制？

19 世纪，古怪的英国作家查尔斯·凯莱布·科尔顿（Charles Caleb Colton）曾说："模仿是阿谀奉承最真诚的形式。"模仿可能是阿谀奉承的形式，但它也常常会成为被模仿对象痛苦和愤怒的源泉。无论是文化上还是法律上（基于知识产权法），创意本身和具有创造力的作品被普遍认为是属于私人所有的。当一个复制行为打破了这个规则的时候，被侵权的当事人或团体通常会感到他们的个体性、原创性和自我表达遭到了不公正地侵犯和利用。

当然"复制"不是新现象。早在 1842 年，当查尔斯·狄更斯（Charles Dickens）到达波士顿的时候，就失望地发现书店在售卖他作品的未授权版本。马克·吐温（Mark Twain）在加拿大也遭遇了盗版，他甚至因此提起了民事诉讼。

在食品领域假冒产品也相当猖獗。《波士顿环球报》（*Boston Globe*）就曾报道：

> 1859 年，一群未来的改革者在波士顿成立了一个委员会，开展了一次有关美国食品纯度的调查研究。结果可不怎么"可口"：糖果被发现含有砷，而且使用了氯化铜来着色；啤酒里掺入了马钱子树的提取物，来模拟啤酒花的苦味，但这种马钱子树是会产生番木鳖碱的；泡菜里含有硫酸铜，蛋糊粉里检测出了铅；砂糖里混入了煅石膏，面粉里也是；牛奶用水稀释过，然后混入白垩和羊脑后分装。上百磅贴着

“优质爪哇咖啡”标签的袋子里却只有3/5是干豆子，其余1/5是菊苣，还有1/5是咖啡豆。[3]

现在，假冒产品以七倍于合法产品的增长速度，已经占到世界贸易总量的10%左右。据国际反假冒联盟（International Anti-Counterfeiting Coalition）称，全球盗版和假货的交易量达到6000亿美元，相当于全球贸易总额的7%。[4]

在一些大城市的街边，你都能看到成堆的仿制品：“设计师款”的钱包和女包，手表，DVD，等等。这种现象在香港的重庆大厦彰显无遗，这个地方简直就是假货贩子梦寐以求的天堂。人类学家戈登·马修斯(Gordon Matthews）把重庆大厦描述为“世界中心的贫民窟”。这座17层的大楼充斥着黑市商品。小贩们在门口招徕顾客，嘴里喊着：“路易·威登(LOUIS VUITTON)，手袋，手袋。”“高仿，高仿，便宜卖。”

你可以在这个大厦里待上一整天，晚上住在大厦上层的家庭旅馆里。白天在这个商场似的地方闲逛，你可以在一家印度饭馆买到玛沙拉咖喱，和尼日利亚（Nigerian）牧师交换故事，还可以从伊朗电子产品商人那儿买到一个山寨手机。

常常有盗版调查员穿行在买家和卖家之间。他们一般是由微软（Microsoft）和辉瑞制药①（Pfizer）这样的跨国公司雇来监督假冒产品市场的。他们的工作是把卖假货的罪犯绳之以法。

① 总部位于美国纽约，是目前全球最大的以研发为基础的生物制药公司。——编者注

※ ※ ※

模仿创新的世界并不仅限于重庆大厦里售卖的那些假冒消费产品。因为互联网革命，现在信息很容易获得，因此无论产品、服务，甚至整个企业，都可以被轻易地克隆出来。

例如，位于柏林的 Wimdu 公司就复制了成功的网络平台空中食宿（Airbnb）。空中食宿构建了一个房主和租客直接连线的租赁市场，提供了除常规酒店以外的另一个选择。Wimdu 将空中食宿的功能还原，还借用了该网站的外观和感觉。空中食宿花费四年时间发展起来的东西 Wimdu 仅用数月就完成了，这就是复制的力量。到 2011 年 6 月，Wimdu 公司已经筹集到了 9000 万美元的资金。[5]

Wimdu 是德国的桑威尔兄弟①（The Samwer Brothers）创办的，三兄弟分别是奥利弗（Oliver）、马克（Marc）和亚历山大（Alexander）。他们的名声不太好，因为他们曾靠逆向技术②还原美国的创新产品，然后将它们高价卖回给首创者牟利。他们创办的公司卖给了易趣网（eBay）、团购网和新闻集团，他们在团购网持有的股份市值约为 10 亿美元。他们还投资了美国一些创新产品在德国的版本如 YouTube (MyVideo), Twitter (Frazr) 和

---

① Rocket Internet 创始人。依靠山寨其他互联网公司的创意，创造了亿万美元、饱受争议的商业帝国。——编者注

② 逆向技术，是一种产品设计技术再现过程，即对一项目标产品进行了逆向分析研究，从而演绎并得出该产品的处理流程、组织结构、功能特性及技术规格等设计要素，以制作出功能相近，但又不完全一样的产品。

Facebook (StudiVZ)。

他们可能不是这些新的企业理念的创造者，但他们独具眼光，把在美国已经成熟的概念和想法输出到非英语国家如德国、中国和巴西。

奥利弗·桑威尔鲜少在媒体上露面，但有一次他在美国《连线》(*Wired*)杂志上解释了他们三兄弟的观点："我们只是公司的建造者，而不是创新者……别人是建筑设计师，我们是建筑工人。"[6]

那么，作为建造者而不是创新者有好处吗？这些好处又是什么？在《模仿者》(*Copycats*)一书中，作者奥代德·申卡尔(Oded Shenkar)向我们说明了为什么有策略的模仿者（他称他们为"模仿—创新者 immovators"）有被研究的价值："模仿者更不容易陷入自满的窠臼，而自满正是创新者和先驱们在初获成功以后常会有的一个大问题，这会导致他们低估创业之路上潜藏的危险。"而模仿者，"由于本身就是后来的，因此对后继跟风的竞争者有天生的警觉，也就对攻击有更为充分的准备。"开创者常常拘泥于一种做事方式——也就是他们创造出的那种方式，而模仿者却往往对市场的动向更为敏锐，因为他们是以模仿为生的。

据《连线》杂志的记者马特·考恩(Matt Cowan)报道，1988年，直觉告诉马克·桑威尔易趣网这个创意在德国市场也会走红，因为德国仍在遭受旧零售法的折磨——该零售法禁止打折（这是1990年柏林墙倒塌，德国重新统一时残留下来的法规）。他的兄弟们同意他的观点。桑威尔兄弟认为易趣网的在线竞价系统向德国人提供了一个很好的解决方法，让他们"感觉得到了折扣”。

桑威尔兄弟告诉《连线》杂志他们通过电子邮件联系了易趣网好几次，提出想在德国复制这个平台（并且他们会付钱请易趣网来做这些事情）。桑威尔兄弟声称在没有得到易趣网回应的情况下，他们才开始着手搭建他们自己的德语竞拍网站Alando。而易趣网不得不在Alando首秀100天后就出价3800万欧元（超过5000万美元）将其收购。如果桑威尔兄弟没有复制易趣网，易趣网可能还沉浸在自满的情绪中，而没有意识到德国市场的潜力。结果证明，对易趣网来说，德国是一个利润相当丰厚的市场。

西南航空（Southwest Airlines）是美国廉价航空巨头，它抓住了民航业的核心内容（飞行），去掉了所有花里胡哨且大部分乘客也不在乎的服务，这就使它能够提供便宜亲民的飞行体验。易捷航空（EasyJet）和瑞安航空（RyanAir）（两者都是欧洲的）复制了西南航空的点子，只是在低成本飞行这个基本模式中融入了自己的特点。瑞安航空走向了低成本的极端，有段时间甚至用飞机上的卫生间都要收费，还提供“站票”。[7]

别的航空公司也在做一样的事情。申卡尔在他的书中写道，亚航（Air Asia）也吸取了低成本的模式，但将其稍作改变以适应文化环境和本地需求。比如，它接受银行转账付款，因为在它运作的市场，信用卡不是常用的支付手段。

复制创意的例子还很多：维萨卡（Visa）、万事达卡（Master Card）和美国运通卡（American Express）复制了大莱卡（Diners Club）（第一家信用卡公司）；日本汽车制造商丰田公司Toyota

复制了德国的工程技术。

为什么复制?

很多人都谴责这些模仿者不道德地从别人那儿偷窃点子，危害我们的经济和工作，但从他们身上真的没有一点可取之处吗?

我们当然不鼓励也不宽恕偷窃知识产权的行为，但我们相信在另类经济中复制是可以有益的，还能帮助促进创新。

卡尔·洛思缇亚拉（Kal Raustiala）和克里斯托弗·斯普里格曼（Christopher Sprigman）在他们的书《仿名牌经济》（*The Knockoff Economy*）中提出，某些行业的创造力因复制而欣欣向荣。比如时尚产业就是因为复制模仿才能保持不断创新。纺织业巨头如H&M，Forever 21, 以及在线购物平台 ASOS 都靠模仿更贵的品牌的设计而蓬勃发展。

为模仿者辩护的人声称模仿者是天然的竞争者，对经济是有利的。他们帮助打破垄断，确保了创新行为的持续。还有人论争说，复制是推动世间事物至臻至善的动力，它能带来渐进式的改良，并且促使产品和功能不断进化。知识产权“海盗”、模仿者，还有那些参与“合作创新”的人常常在加速创新的扩散和促使人类进步的过程中扮演关键的角色。亨利·福特[1]（Henry Ford）的工厂流水线，个人电脑，古登堡印刷术，互联网，没有一个是在完全独立、真空的环境中，“瓶中闪光”式地凭空创造出来的。在另类经济中创新常常意味着在已有的基础上再建高楼，或是改进现存的东西。所有这些发明都是积累的结果，是集体的智慧结

① 美国汽车工程师与企业家，福特汽车公司的建立者。——编者注

晶，都是经年累月，一步一步，从一个点子到另一个点子延续而成的。

大多数人会会倾向于自己的想法，但有一部分人在学习创新的过程中意识到有时候别人的点子更好。而且，那些我们自认为是自己专有的想法其实根本不是，只是我们的这些点子被大家看到了而已。

你是不是常常很确信你有一个原创的想法或者概念，结果却发现别人同时也有，甚至比你更早？DNA双螺旋结构的发现就是一例——大家都知道詹姆斯·沃森①（James Watson）和弗朗西斯·克里克②（Francis Crick）在研究这个问题，而同时，伦敦大学的一位生物物理学家也在做同样的事情。[8]

查尔斯·达尔文（Charles Darwin）基本上被公认为进化论的提出者，但其实英国生物学家艾尔弗雷德·拉塞尔·华莱士③（Alfred Russel Wallace）也独立构想出了这一理论。华莱士曾写信给达尔文简要阐述他的进化理论。读到这封信的时候，达尔文惊讶地发现华莱士的理论和他自己的几乎完全吻合，而这时他的理论还没发表。他们在1858年共同发表了《讨论物种形成变异的趋势》（*On the Tendency of Species to Form Varieties*）以及《变异的永久性和物种受选择的自然意义》（*Perpetuation of Varieties and Species by Natural Means of Selection*），标志着自然选择学说的首次亮相。但直到一年后达尔文发表《物种起源》（*On the Origins*

① 20世纪分子生物学带头人之一。获得诺贝尔生理学或医学奖。——编者注

② 英国生物学家，物理学家，及神经科学家。获得诺贝尔生理学或医学奖。——编者注

③ 英国博物学家、探险家、地理学家、人类学家与生物学家。独自创立“自然选择”理论。——编者注

of Species），自然选择学说才引起了公众的兴趣。《物种起源》是达尔文将近二十年的研究成果汇编成册，第一版 2500 册在出版时就已被预订一空。

约翰·林哈德（John Lienhard）是《我们智慧的引擎》（*The Engines of our Ingenuity*）一书的作者，曾在休斯敦大学（University of Houston）教授机械工程和历史，他将这一现象描述得非常到位：

> 去年，有两个人对我说："我发明了加热管。"他们中的任何一位都没听说过另一位的工作。而他们俩又的确发明了同样的加热管。其中一位早在 1937 年就已经描述过加热管初步的形态；而另一位在 1962 年造出了现代的版本。他们两人都未从他们的发明中获利。他们都播下了种子，也都进一步证明了科技界的集体无意识。

林哈德描述的这个情景提出了同步发明，也就是集体无意识的概念。如果一个点子处于"悬而未决"的状态，就可能有很多人在思考它，也就可能属于任何人。

创新是集体的

"集体创新"这个术语流行起来是由于经济历史学家罗伯特·C·艾伦（Robert C. Allen）在书写探讨我们身边最主流的正规市场行业之一的时候使用了它。这个行业就是钢铁业。随着蒸汽机技术的应用，众多企业迫不及待地要交换信息、工艺流程、技术和设计，它们如此迫切以至于在钢铁制造领域每个重大的创新都不是由单个发明者完成的。正如艾伦在书中以英格兰的高炉工业为例所说的：

> 要是你研究高炉工业这样的领域，并且判定哪些发明对于效率的提高是重要的，你会发现要把这些发明归到某一个发明者名下是不可能的。当然，也就没有人因为这些进步而获得专利。因此，对英格兰的克利夫兰地区（*Cleveland district*）钢铁产量的增长至关重要的高炉高度和鼓风温度的增加是二十多年间通过很多人的努力达成的。[9]

从历史角度看，研发（R&D）需要高昂的前期投资成本，任何单个企业都无法独自承担，因此信息的开放共享是必须的。结果就是，研发不再被看作竞争优势，而成为一种竞争前行为，很多企业会提供集体知识和资源来共享。其实 R&D 这个词汇并不准确，因为很多企业根本没有将资源分配于“研究和开发”（自行），而只是触动了“研发”，或者更恰当地说，是在常规投资的过程中产生了一些作为副产品的“技术材料和专项技术”。然后这些信息在企业间被分享，以加速整体生产率。

看起来好像与分享知识产权相反，艾伦写道，在钢铁工业的案例中，“集体发明使费用得以在企业间分摊”[10]。考虑到现在经济体系中，不少小企业所面临的经济限制，这个概念听起来似乎并不是不切实际的，反而相当稳健。

查理 · 利德比特（Charlie Leadbeater）在其著作《我们思考》

（*We-Think*）中转述道，在英格兰西南部的康沃尔（Cornwall）郡的锡铜矿向我们展示该行业是如何传播利用知识产权的。为了让采矿过程更快捷更安全，詹姆斯·瓦特（James Watt）发明了我们现在所熟知的“瓦特蒸汽机（Watt engine）”。这项设计使得煤炭的用量减少了2/3。[11] 瓦特和他的商业伙伴马修·博尔顿（Matthew Boulton）一起销售蒸汽机，从而令这个创新在康沃尔采矿业散播开来。而他们作为持有专利的发明者，就可以向购买者征收版税了。结果是，康沃尔的矿工们反抗了，他们制造出了瓦特蒸汽机的未授权版本。

到1811年，一群矿工头子创办了杂志 *Lean's Engine Reporter*，任务是收集和分享有关采矿技术和设计的点子。这种对信息的慷慨和开放激起了创新热潮。杂志创立仅一年，两位发明者，阿瑟·伍尔夫（Arthur Woolf）和理查德·特里维西克（Richard Trevithick）就发明了一台不用付版税的发动机，这个发动机之后成为行业标准。他们允许任何人拷贝这个发动机。瓦特和博尔顿就此再也没卖出过一台发动机，而伍尔夫和特里维西克却因为安装费和升级费大赚一笔。当然，发动机能不断升级也是因为在这个鼓励分享的社区总是源源不断地冒出好点子。

现在，非正规的信息交换在别的领域也能被找到。来自对手公司的工程师常常会探讨他们正在处理的问题，也会互相提供解决法案。在音乐界，经理人也常常交流他们的业务。Lady Gaga的前经理人特洛伊·卡特（Troy Carter）告诉我们，他和别的经理人定期通电话。“和别的经理人在一起的时候，我非常具有合作性，同时也很有竞争意识。我们分享信息，也一起解决问题。

但我仍然想打败他们。”因为音乐行业中最好的业务总在改变，卡特说如果不保持这样的开放状态，就不可能生存。“我对于人们复制的行为百分之百没有意见。现在的情况是，一个点子就能让所有的船浮起来（而不再是一舟存百舟没）。”

在传统行业，不要指望能找到合作性的另类人才，但是跨行业合作的强大传统一直存在。在能源领域，公司为了防范风险而一起做上游项目是十分常见的（比如勘探地下或水下油气田，钻井及运作油井等）。壳牌公司[①]（Shell）和埃克森美孚会[②]（Exxon Mobil）一起开发油气田，然后根据两家公司在该项目中所占股权来分配所获得的产品。比如壳牌公司和埃克森美孚会就共同持有一家石油产品公司，名叫 Aera 能源，其中壳牌持有 52% 股份，剩下的由埃克森美孚持有。另一种联合创业形式是，一家公司负责项目的执行工作，而别的公司则以担任“技术伙伴”的角色来分摊一些成本。

也有企业走出去扶助外部的集体创新，以分摊新技术或新材料的研发成本。例如，可口可乐公司（Coca-Cola）召集了一帮有兴趣分享有关生命周期评估数据（生命周期评估是测评一个产品从诞生到废弃会对环境产生的影响的方法）和最佳生产方式的公司，包括福特（Ford）、亨氏（Heinz）、耐克（Nike）和保洁公司（P&G）这些公司是在可口可乐公司发现植物纤维瓶包装比传统塑料瓶对环境危害小之后结成的联盟。但是用植物纤维包装

① 目前世界第一大石油公司，总部位于荷兰海牙和英国伦敦，由荷兰皇家石油与英国的壳牌两家公司合并组成。——编者注

② 世界最大的非政府石油天然气生产商，总部设在美国德克萨斯州爱文市。——编者注

作为替代品还是太贵了，原因主要是需求量不够大，因此可口可乐公司就寻求其他公司如福特、保洁、耐克和亨氏的帮助。这些公司增加了对植物纤维包装的需求量，也就刺激了供应量，降低了成本，因此都获得了好处。强强联手的结晶就是植物 PET 技术合作公司，目标是加速开发完全以植物为基础的 PET 材料和纤维。

专利谬误

专利最初是为了补偿企业家在将一个创想变成现实的过程中投入的时间和金钱。但是在另类经济中，复制创意是一种策略，专利要如何融入这样的环境呢？企业家和发明家马克 · 古巴（Mark Cuban）认为，答案是专利将无处容身。他说："愚蠢的专利正摧毁小公司。"[12]

无独有偶，纳撒尼尔 · 伯伦斯坦（Nathaniel Borenstein）也同意这个观点。作为一位计算机科学家，伯伦斯坦也是开放资源运动第一波浪潮中的一员。他开发了可以交换多媒体信息的电子邮件系统。他在 1992 年 3 月 11 号发出了第一封电邮附件。伯伦斯坦之后为 IBM 和 Mimecast①这样的公司工作。他解释说："即使另类人士是成功的创新者，他们创造的东西十有八九还是会被更精明老练的企业买走。"他接着说，专利体系，"几乎就是为大企业的利益而生的。"

仅在 2012 年，IBM 就从专利局获得了 6478 项专利，也就

① 一家为Microsoft Exchange和Office365提供安全的邮件归档和云存储服务的创业公司。——编者注

是说在每个工作日，每 18 分钟就获得一项专利。[13] 总的来说，1999 年到 2008 年之间，1.5% 的公司掌握了全美 48% 的专利。[14] 相反，大部分突破性的创新却来自小人物。发明家罗纳德·莱利（Ronald Riley）声称："国家发明家名人堂（National Inventor Hall of Fame) 的成员中六成是在他们还是独立发明家而不是隶属于某个企业的时候因为某项发明而被选中的。"[15]

美联储 (Federal Reserve) 的顶级经济学家在 2013 年发表的报告中认为："没有证据" 显示专利促进生产力。他们甚至提出专利对创新可能是一种威胁。[16] 那么解决这个问题的政策是什么？专利应该被完全废除吗？可能这只是个时间问题。围绕专利的价值以及申请知识产权的本质和目的的辩论已经不是什么新鲜事了。早在 18 世纪，很多反专利的英国活动家就提出创新并不是为了给 "一群特殊的英雄" 加冕，而是要惠及每个人。他们觉得发明对于发明家来说是与生俱来的。

他们认同集体创新，因此不认为某个发明家可以或者说应该声称对某项发明拥有版权，因为 "他可能只是很幸运，碰巧率先发明了某个有需求的东西。而我们不需要因此奖赏他"[17]。蒸汽机和轧棉花机的发明应该归功于天时地利。如果你没有发明这些东西，就会有别人来发明。你只是先人一步了而已。

看来专利系统一直就是一台压榨机，是富人和政府共谋的产物。历史学家阿德里安·琼斯 (Adrian Johns) 说，这些反专利的英国人觉得处于社会下层的发明家们 "在大资本面前根本毫无希望"，因为专利费用惊人，1860 年就高达 100 英镑至 120 英镑不等，或者换一种算法就是人均收入的四倍。要是你希望你的专利涵盖苏格兰和爱尔兰，那就得支付 350 英镑的费用。更新一项专利可能要花 700 英镑。[18] 讽刺的是，专利的目的是要“保护”发明者，但其实只有最富有的人才能承受申请专利的高昂费用。

为了更好的产品而复制

知识产权盗贼以多种形式存在，抗议专利系统的不公平。他们也是对大企业垄断的一种反抗力量。另类经济中的这些人觉得“撕毁”知识产权证书不只是迈向公平的一步，更是道德上正义的行为。

正如《海盗组织》(*The Pirate Organization*) 一书的作者琼 - 菲利普 · 韦尔涅（Jean-Phillippe Vergne）告诉我们的，“历史上，海盗的出现都是为了挑战垄断型的控制”。他说，在 17 世纪，东印度公司（East-India companies）声称对所有他们发现的航路享有特权。但之后由于接连受到海盗的袭击，这些航道终于被宣布为“国际水域”。

让我们再来看看 20 世纪 60 年代英国的海盗电台是如何终结 BBC 对电波的统治的。他们播放自己的节目，打破了 BBC 的垄断，强迫 BBC 电台进行重组并开始提供更多的频道。BBC 甚至聘请了很多海盗电台的 DJ 为自己工作。

山寨创新者的一个美德是他们常常加快科技创新和传播的步伐。在科技或产品对于大众至关重要的领域，比如基础药物、可替代能源和电信领域，模仿者可以加速创新，使重要产品和服务大众化。

通用制药公司在印度和巴西的成功对那些跨国制药大亨构成

了真正的竞争威胁。一开始，这些竞争对手只在印度和巴西国内活动，但随着企业规模的扩大，它们开始出口药品，就威胁到了跨国公司的全球市场份额。

以印度为例，20 世纪 70 年代通过的法律政策允许印度公司复制国外注册过专利的药物，前提是要付执照费。这项法律刺激了本土独立的制药产业，使医药费用降到可承受的范围内。病人每年只需要花 200 美金，就可以接受艾滋病（HIV/AIDS）的治疗，而他们的对手——那些著名公司收费超过 1 万美金。[19]

只有当这些国家加入世贸组织（WTO）以后，它们才必须改变它们对版权的态度。印度加入世贸组织以后实施了新的专利法，印度的制药公司不再被允许制造、销售国外药品制造商持有专利的药品的仿制版本。很多本土制药公司都因此转到了地下。被迫进入黑市以后，质量就失控了，很多仿冒的医药产品不合格或者言不符实。

相比之下，巴西政府立场就比较坚定，没有逼迫山寨产业走入地下。很多基础药品被标注为"不可申请专利"。如在 2005 年，巴西众议院通过了一项法案，将治疗艾滋的药物划分到"可申请专利的范围以外"。[20] 此外，就在同一年，巴西要求外国制药公司为他们的抗逆转录病毒药物的生产领取非专利执照，以服务于该国的性病 / 艾滋病项目。[21]

20 世纪初，德国也做了一样的事情。与巴西为基础药物设立"非专利领域"类似，德国立法规定食品、药物或是化学产品不能申请专利。结果就是"在这些行业大大激发了生产率和传播速度"。

当创新涉及公众利益的时候，像巴西政府这样开放注册许可证的做法比较受到认同。其实不只是政府在授权这些行为，企业家和创新者本身也在不断想出灵活的许可手段和开放的创新方案，以使最重要的创新可以规模化。

非法下载是如何激发创新的

要是你和其他几百万人一样喜欢下载歌曲、电影和电视剧，那极有可能你经常使用Netflix①, iTunes Music Store②, Spotify, Hulu③中的一个或者全部。

毫无疑问，大型音乐文件共享程序如Pandora④和Spotify都得感谢他们的前辈Napster⑤。Napster是一个非法程序，它靠钻音乐行业的漏洞牟利，但却因此造就了巨大的改变。

诸如Dropbox和Google Drive这样的存储服务应该感谢很多非法海盗网站如Megaupload⑥。而且，很多现在支持Netflix和Hulu这样的服务器的流媒体技术都起源于色情行业。色情网站是最早采用流媒体技术的。

很多灰色市场创新——不论是流媒体技术还是文件共享功能——利润都更加丰厚，也创造了合法的商业机会。无论是在文件共享市场还是在流媒体市场，这些平台都改变了整个行业对娱乐内容的观念：使用者对这些内容从持有变成了借用或者租用。

---

① Netflix是一家在线影片租赁提供商。——编者注
② Spotify是全球最大的流媒体音乐服务之一。——编者注
③ Hulu是一家美国的视频网站。——编者注
④ Pandora Radio是个性化的互联网广播服务。——编者注
⑤ Napster：P2P文件共享平台。——编者注
⑥ 美国著名在线网路硬碟服务商，总部设于香港。——编者注

网络平台第二波——Hulu、Netflix、Pandora和Spotify——则将文件分享规范化了。

严肃的文件共享网站是没办法给资源创造者报偿的，也就无法平息众多音乐家、艺术家和娱乐公司的愤怒。以Pandora为例，它被指责剥削艺术家之后，发布了一系列数据，显示超过2000名艺术家在来年通过它可以赚到1万美元，另有800多位艺术家甚至能获得5万美金的报酬。流行艺术家如阿黛尔（Adele）、酷玩乐队（Coldplay）和李尔·韦恩（Lil Wayne）（饶舌歌手）通过Pandora这个网站一年就赚取了超过100万美金的利润。[22]相比之下，Spotify自2008年上线至2014年11月以来已经向艺术家支付了超过2亿美元的版权费。[23]每个艺人的收入取决于他的受欢迎程度。

视频分享公司如Hulu和Netflix也诚实地遵守这个规则，通过从订阅会员那儿获得的收入建立起的商业模式向资源提供者付费。截至2013年12月，Hulu已有超过500万付费用户，预期能达到1亿美元的收入。[24]另外，Netflix在全世界也已有超过几百万的用户[25]，而且已经与迪斯尼签订了价值约3亿美金的三年独家合约。[26]

当这些网络平台使用传统的许可证协议来补偿资源提供者的时候，也面临着来自非法文件共享平台的竞争。讽刺的是，要是非法文件分享平台没有来扰乱这个行业的话，Hulu，Spotify这样的企业要顺利起飞可能反而更难。

非法网站的种子对于合法实体网站的发展和成长仍然是不无助益的。Netflix开始在荷兰推广它的业务的时候，很清楚地表示公司使用来自海盗网站的数据信息以决定购买和提供哪些节目，哪些电影。凯利·梅里曼（Kelly Merryman），公司的内容收购部副总裁告诉 Tweaker（荷兰一个致力于报道所有科技信息的网站）："购买连续剧前，我们会看看海盗网站上哪些连续剧热门。"[27]

艺术家们本身也在寻找各种方法打击非法下载，并且努力与时俱进。在文件分享政策面前，一些艺术家变得更具有创造力。比如贝克①（Beck Hansen），他没有发表常规专辑，而是推出了"贝克·汉森的歌曲读取器"，里面只有乐谱没有歌曲。如果粉丝想听歌，就要自己演奏。这一步使得对内容的消费不再那么被动，粉丝在歌曲的生命中也扮演了一个角色。

让好点子飞

在《好点子从何而来》（*Where Good Ideas Come From*）一书中，作者史蒂文·约翰逊（Steven Johnson）写道："防范仿冒者和竞争者的同时，也会让你的点子失去接触其他点子的机会，而这些其他点子可能会改善或者改变你的创想……从而让它成为真正的创新。"[28] 另类创新者越来越认识到这一点，因此开始选择将仿冒的一些规则编入自己公司的 DNA 中。

斯蒂芬·桑（Stephen Song）是"乡村电信"（Village Telco）的创始人，[29] 他很赞同复制就是"为了公共利益的创新"。他公司生产建设低成本社区电话网络的软硬件，目标是使创办电话公司变得像创建一个博客一样简单。桑和他的团队设计电话网络技术，以实现在世界任何一个角落都可以在几分钟内开设起电话公

① 美国另类创作歌手。——编者注

司，而不需要移动电话塔或是固话线路。他们不打算为这项技术申请专利。相反，他们同意将设计交给制造商，只要制造商同意生产便宜的硬件并且欢迎别人对原始设计进行升级换代。

通过对外开放他的技术，桑开创了他称之为“达到信任的捷径”。Village Telco 现在是一个巨大的网络，全球各地超过 500 人在升级改良它的技术，速度远快于 Village Telco 单打独斗。其中一位用户想将它商业化以更好地服务当地环境和小企业。现在 30% 的社群在使用的该产品并不是原初的版本，而是经过改良符合当地特性的版本。

巴西创意家塞尔吉奥·普拉多（Sergio Prado）找到了一条途径，能将专利用于公益而不是用来作恶。“一项专利只是一个单位信息量，”普拉多说。他向我们解释了他怎样以及为什么要为自己开创的将垃圾再生为建筑材料的工艺流程申请专利。他的“零废弃”方案仰赖于专利，因为专利将他的方法打包从而可以规模化。普拉多说，“我们的目标是专利不会阻止这个创新的使用，而是随时欢迎国际协作以大规模推进、测试和生产新型建筑材料及房屋应用设备。”因为普拉多这项申请了专利的解决方案对公众有利——不但能减少浪费，还能提供可负担的住房——他允许灵活的发牌政策，鼓励别人自由地使用他的专利方案。

类似的合作精神也让 CopyLeft 站稳了脚跟。CopyLeft 是一种许可证形式，在资源开放社区十分流行，规则是对放入公共领域的软件程序的使用、对程序代码的修改和再分配也必须放入公共领域。这就要求程序员以一个程序为基础进行编辑后要与原程序的开发者以及整个社区分享他们的创意。

在解码可可基因组的过程中，霍华德·夏皮罗（Howard Shapiro）和他的团队也采用了相似的方法。在与糖果制造商玛氏（Mars）的合作中，夏皮罗负责确定可可基因组的序列，然后将所得信息分享到公共领域。夏皮罗记得他获得许可这样做的谈判只进行了五分钟："我想确定可可基因组的序列。我需要 6 百到 8 百万美金。但是我会将成果免费发布到公共领域。"他之后真的这么做了。

夏皮罗并没有就此止步。现在，他正在对 96 种孤儿粮食作物的基因组进行排序。孤儿作物是为非洲、亚洲和拉丁美洲的贫困农民赖以生存的粮食作物，其中包括豇豆和绿豆（豆类），苋菜、高粱、珍珠粟和画眉草（谷物）。他说："这些是穷人的作物，死抓着知识产权没有意义。"除了测定作物的基因组序列外，夏皮罗还致力于建设非洲的植物育种专家网络，以确保作物可以散布到各地。

有些人认为他完全疯了，而另一些人则害怕他在尝试的事情规模太过宏大。但是夏皮罗的使命不仅仅是测定基因序列，他还想改变大家对知识产权的概念。"我们放弃这种产品（可可）的支配权，因为它关涉到贫困农民的生计。如果我们想着拥有它、捍卫它，限制它的使用，就会对人们的生计产生消极影响，那我们何必还这么做呢？"

与之类似的，查斯·邦特拉（Chas Bountra），我们结识的另一位另类人士，也在试着改变药物的研发。在 GlaxoSmithKline[①] 工作了二十多年以后，邦特拉现在在牛津大学（Oxford University）

① 英国制药公司。——编者注

领导结构基因组学协会（Structural Genomics Consortium），正努力发展前竞争型的研发模式。

邦特拉正在做的工作是让投资者和行业内竞争者一起融资开发新的治疗目标，研发经费和目标由获准购买成品药物的赞助商投资及认可。只有当药物研究进入第三阶段试验的时候，赞助商才能购买药物投入市场。邦特拉希望通过这种方法能绕过巨大的研发浪费和冗余。现在，一个药物公司在研究的治疗目标可能另一个公司已经发现是个死胡同，但由于公司间存在竞争，就没有动机分享这样的信息。而且浪费另一个公司的资源对于你的公司来说似乎还有好处。邦特拉开放研发过程的方式会构建出竞争前的基础框架，让各个公司在研发阶段互相合作，而在药物投放市场的时候还是保持竞争的关系。

夏皮罗、邦特拉这样的创新者告诉我们，不要害怕和竞争者一起攻克共同的弱点。竞争前协作早有先例，但当下经济体核心组成部分如能源、药物和食物企业都在重新思考商业模式的时候，这就变得尤为必要。

时间就是一切

当你自己是复制者的时候，当然会给复制行为找很多理由（对企业好，对人类好）。但如果你是被复制的那个人呢？

埃里克·罗森鲍姆（Eric Rosenbaum）是 MaKey MaKey 的创造者之一。MaKey MaKey 是一个“发明包”，很容易就能把平常的家用产品变成视频游戏控制器（比如把香蕉变成钢琴键……从一幅铅笔画中变出一个游戏操纵杆）。埃里克和他的商业伙伴杰伊·西尔弗（Jay Silver）靠 Kickstarter（一个专门为创意方案筹资的众筹网站）为他们的项目筹集资金。他们起初的目标是 2.5 万美元，结果却筹到了 568106 美元。

这个案例有趣的地方在于创新的两种边缘文化——开源文化和海盗创新的山寨文化——之间的冲突。遭遇了一系列奇怪的事件后，罗森鲍姆和西尔弗发现了他们点子的克隆体，叫做 DemoHour，在一个中国的“Kickstarter”网站上运行。MayKey MayKey 的创始人们当然不开心了。

问题并不在于中国人借用他们创意的元素：MaKey MaKey 是一个开放资源，也就意味着可以被改动和升级，问题在于这家涉事的中国公司竟然一字不爽地照搬了 Makey Makey 的所有内容！一点儿差异都没有！而且他们也没有通过联系罗森鲍姆或是他的拍档获得许可。不过，这个创意在中国市场也十分成功，这个中国公司最后筹集到了 3.26 倍于目标的资金（16346 元人民币/2635 美元）。

在这个例子中，有一个很明显的“犯规”行为。如果中国的仿冒者联系过 MaKey MaKey 或是尝试过合作，或者甚至只是对原创者表达过敬意，那么故事就完全不一样了。毕竟这个“发明包”是开放资源。很多仿冒行为，实际上都毁在了“违规”上。要是你正在学习或者借用别人的点子，记得告知他们，这很重要。

安德鲁·魏因赖希（Andrew Weinreich）是纽约的一位企业家，他创建了首批社交网站之一的 Six Degrees。他也是遭遇拷贝的一人。他的社交网站创办于 1996 年，创意来源于“每个人都是通过六度分割而互相联系的”这一流行理论，以及凯文·培根（Kevin Bacon）的游戏。Six Degrees本质上提供了一种通过你的朋友网“看到”你不认识的人的功能。有意思的是，你“看到”的不是照片，而是一张共同好友的名单。

大家应该都对Facebook、MySpace、甚至Freindster熟悉得不得了，但Six Degrees相形之下却很少有人知晓。但它怎么说都不是一个失败品。网站用户最多达到了100万人，雇员也超过100名。它的功能申请了专利（现在由领英[①]LinkedIn持有）。而且，2000年9月，Six Degrees以1.25亿美元出售给了青年流媒体网络（Youthstream Media Networks）。毫无疑问这是一个巨大的成功。

我们问魏因赖希，当他看到Six Degrees日渐衰弱，逐渐被其他成功的社交网站取代的时候，是否感到难过。他有没有对马克·扎克伯格[②]（Mark Zuckerberg）和脸书（Facebook）的成功感到愤愤不平？

“完全不，”魏因赖希告诉我们，“拷贝同时期的东西令人很气愤，但如果他们晚一点这么做就还好一些。”也就是说时间和空间会让复制变得更容易实现。他还补充说：“现在如果你想出了一个独一无二的点子反而很奇怪。”

Six Degrees是先于Facebook8年上线的。那时，整个科技面貌都不同。魏因赖希告诉我们当他经营Six Degrees的时候，用户的最大呼声是希望能够在他们的档案里发一张照片。那时候，

① 全球性职业社交网站。——编者注
② Facebook的创办人。——编者注

很少有人有数码相机，带相机功能的手机更是在消费者市场难觅踪迹。

现在看来似乎难以想象，魏因赖希记得他曾考虑Six Degrees可能需要让人们寄一张人像照片来，然后他的团队扫描并上传这些照片到网站上。“我们真的开始思考用于处理人们送来的照片的流水线。然后，互联网泡沫破灭了。眨眼间，我们就从一个没有数码相机（的世界）跨入了一个人人都（能拍摄）数码照片的新纪元。”

在魏因赖希的印象里，要是没有数码技术，Facebook是不可能像现在这么成功的。（Facebook是全球最大的照片库，据Mashable提供的数据显示，存储的照片数量超过2500亿张[30]）。它比MySpace这样的竞争者更高的执行力也是它成功的原因之一（MySpace的用户界面远远不如Facebook那样友好）。对于魏因赖希来说，因为Facebook很晚才出现，所以他并不因为它的成功而烦心。复制有时候令人愤怒，但同时在加速创新的过程中也扮演了很重要的角色。

还有一点很重要，就是记住有时候想出一个点子的人并不一定是执行这个点子或是扩大创意规模的最佳人选。如果你才思泉涌，好点子不断，那要确保对执行的重视程度应该高于对所属权的重视。不要陷入孩子气的游戏，一直强调“是我的”。记住，你能想象或构思出什么都不算数，你能做出什么才重要。要是你是将别人的点子推向另一个层次的人，那就确保传达你对原创者的敬意。欣赏赞美能为你铺平道路。

※ ※ ※

在探索另类仿冒者的世界的时候，我们看到了复制行为的好处。我们不鼓励也不宽恕偷窃知识产权的行为，但我们相信要是人们愿意看看别人的灵感，愿意改良推进别人的点子，那么一定会产生巨大的价值。我们认为这种形式的集体创新是（而且永远都是）创意活动固有的特性，这种精神在正式经济中应该被发扬起来以加速创意的传播扩散，以及帮助避免垄断的形成。

我们已经观察到，仿冒者的创造力使他们的产品更符合市场的需求，因为这些仿冒者的发明没有背负情感包袱。我们也发现，一个企业的成功更多地仰赖于执行和时机的把握，而不是抓着一个绝妙的原创点子不放。

4
黑　客

萨姆·罗伯茨（Sam Roberts）是一个年轻的英国黑客，出生于惠特（Whitby）——北约克郡（North Yorkshire）的一个小海滨城市，有一对要求严苛的父母。他的父亲从不轻易表扬，他总是鼓励罗伯茨和他的两个哥哥“做得更好”。罗伯茨的祖父，据他所知，是英国第一个造出电动车库门的人（只是自己用，没有想要将它商业化）。他制造电动门的材料是从一台老旧洗衣机上回收利用的。之后，这位老罗伯茨想到了一个重要的有关采矿的创意：一种安全电缆，能让矿工使用40瓦的灯而不引发会引燃瓦斯的火花。因这个发明，他受到了英国女王的表彰。因此，或明确或含蓄地，萨姆·罗伯茨都接收到了一个讯息：只要努力工作并且坚持不懈，就没有什么事情是做不到的。

罗伯茨的黑客之路始于他的9岁生日时。当时他收到了一份生日礼物，是一套电子工具。用这套小设备，他组装出了一个防盗报警器。他把报警器装在他的卧室门上，然后拆开一个步话机，把麦克风连接到防盗报警器回路的蜂鸣器上。这样安装在房子各处，与这个装置相连的其他步话机就可以通知他是否有入侵者了。罗伯茨告诉我们，他小时候对拆装东西非常着迷。玩具、遥控器、收音机、半导体，什么都拆，他就是执着地想知道每个东西是怎么工作的。他说："你要让某个东西做出点不同的事情，就要掌握它的性能，而且这是唯一途径。"权利和控制也是罗伯茨热衷于黑客行为的原因之一。他告诉我们，透彻地了解一个系统直到可以随意操纵它做任何你命令它做的事情，那种感觉太好了。而告诉别人他已经成功地获取了别人无法得到的东西，这种感觉也让他沉迷。当我们让他描述一下那种感觉的时候，他开始向我们诉说他儿时对魔术的热爱："魔术实在是太棒了。我喜欢体验当人们看到我完成那些看似不可能的事情的时候的反应。当黑客与这非常相似。"

多年以后，罗伯茨进入约克大学（University of York）攻读电子与通信工程（Electronics and Communications Engineering），开始磨练他对创建的热情。毕业以后，他被招募进入国家通信总局（GCHQ，英国的情报安全组织），相当于英国版的"美国国家安全局（NSA）"。在那里，他一开始是系统工程师，之后成为"白帽"黑客，帮助保卫和加强政府网络。他的工作是攻击政府系统，找到弱点，然后修复。

罗伯茨告诉我们，在申请国家通信总局的黑客职位之前，他已经对学习如何侵入一个系统着了迷。他买了一本书，叫《反黑客工具包》（*The Anti Hacker Tool Kit*），认真地阅读了每一章。

他学会了如何翻过切尔滕纳姆镇上（Chektemham）[1]所有酒店及其他设施的安全屏障，侵入无线网络。他还通过侵入室友电脑进行练习（当然事后马上告诉了室友），并设法将他们的网络流量转到了自己的电脑上。

从小到大，罗伯茨一直被训练像一名黑客那样思考。这种思维方式正适合他。25 岁的时候，他蠢蠢欲动，想要开办自己的公司。他被介绍给了一位电信主管，从他那里得到了一个能搬回家的 2G 移动基站。他运用自己的黑客思维来理解整个系统是怎么工作的，他研究基站发来的信息并且将自己的信息发回给基站，直到整个系统理解这些信息。一旦他领会了信息交换协议的关键部分（这花了他 6 个月时间），罗伯茨便发展出了一套系统来控制基站，可以同时处理电话和短信。就这样，他在自己的卧室里搭建出了一整个移动网络。

现在，罗伯茨和他哥哥奥利弗（Oliver）一起负责调度欧洲境内的 4G 移动电信网络，并继续秉承黑客精神：那种想要理解系统如何工作，然后把它们重新组装起来令原型更强的驱动力。

黑客运动

斯蒂芬·利维（Stephen Levy）的书《黑客》（*Hackers*）记录了黑客运动的诞生和发展。他从第一代黑客开始写——这帮黑客是在 20 世纪 60 年代初期麻省理工学院（MIT）获得第一台可编程计算机的时候汇集起来的。这个团体醉心于编程，由此建立起与系统的关系，之后演变成利维称之为“黑客伦理”的非正式

① 英国西南部的格洛斯特郡——编者注

的、有机发展起来的、并被广泛认同的宣言，它影响了很多代黑客，直到今天还在推动黑客运动的发展：

- 访问计算机——以及获取任何可能教会你世界是如何运转的东西——应该是绝对不受限制的。
- 所有的信息都应该是免费的。
- 不要盲信权威——促进分权。
- 评判黑客的标准应该是他们的技术，而不是学位、年龄、种族或是职位。
- 你可以在电脑上创造艺术和美。
- 计算机可以将你的生活变得更美好。

我们发现黑客伦理鲜活存在于我们访谈的黑客脑海中。当我们问起他们为什么要“黑”电脑程序的时候，回答多种多样，但核心内容就是“因为命令电脑做你设计让它做的事情太令人兴奋了”。事实上，埃里克·S·雷蒙德（Eric S Raymond）在《行话宝典》（*The Jargon File*，被誉为黑客的圣经）中就提出，黑客这个词本身的一个意思就是：“享受创造性地克服难题或规避局限性这类智能挑战的人”。

我们访谈了几位在“匿名者[①]”（Anonymous）旗帜下活动的黑客，他们向我们确认了以上所说的动机。“匿名者”，人类学家加布里埃拉·科尔曼（Gabriella Coleman）将其描述为“各种

---

① 全球最大的政治性黑客组织，主要分布于美国，其次为欧洲各国，非洲、南美、亚洲等地都有其分部。——编者注

团体的黑客、技术专家、活动家、人权卫士、极客共同拥有的名字”。[1]匿名者黑客开始出现在世界各地的报纸上是始于一个视频。该视频中，汤姆·克鲁斯①（Tom Cruise）宣称要将自己奉献给山达基教会②（Scientology）以求内部晋升。该视频泄露到网上后，匿名者黑客就发起了攻击并丑化山达基教会网站的活动。之后，匿名团体又联合攻击了Aiplex——一家印度公司，这家公司签署了一份合约，要打击例如海盗湾（The Pirate Bay）这样的非法下载网站，以及主办美国电影协会和美国唱片业协会的网站。

我们花费了一年多时间与一位“匿名者”的前成员联络。他告诉我们，他加入该组织的动机是他渴望进入那些他无权访问的系统。他说，他决定加入“匿名者”，是因为“匿名者”的世界观引起了他的共鸣。他相信信息应该是开放且免费的，因此他开始参与攻击那些企图废除海盗湾这类服务器的公司。

当我们探讨他的童年，好奇他为什么会开始对黑客行为感兴趣的时候，他回忆起某天放学回家，发现电脑开着，意识到电脑已经被病毒攻击了。“我想知道病毒是怎样在未经我允许的情况下就找到途径进入了我的电脑。”然后他就对电脑着了迷——电脑是怎么被造出来的，是怎么工作的，人类又是如何去控制它的。

他写给我们的信中说到他在学校时一次被欺负的经历，当时有同学嘲笑他并折磨他。他跑去告诉校长，满以为诉诸权威能解决事端。但校长却指责他把自己放到了被欺负的位置上。从此，

① 美国电影演员、电影制片人。——编者注

② 又称科学神教和科学教派等，新兴宗教之一。在中国被认为是不合法宗教。——编者注

他失去了对权威人物的尊敬和信任，并从此蔑视权威，希望挑战权威以及他们代表的一切。这段经历在他决定用计算机知识挑战他所不信任的权威时扮演了重要的角色。我们渐渐意识到，黑客行为的动机常常是一种复杂的情感集合，其中包括理解并解决了一个复杂谜题时的感受，内心深处对权威的怀疑，以及对信息应该是免费可获得的信念。

从萨姆·罗伯茨和其他我们联络过的"匿名者"成员身上，我们看到黑客们对拆解事物以求理解它们抱有狂热的信仰。以这种方式，他们不仅能清楚地看到一个系统的组成部分，还能看到各个部分是如何连接使系统工作的。他们全身心地投入对系统的不断改良中；而且为了高效地改进一个系统，他们认为他们必须能畅通无阻地获得与此相关的信息。他们觉得如果没有免费获取信息的途径，你就永远无法从内部了解这个系统是如何运作的。自然，这就让黑客醉心于获得信息，任何阻挡他们获得信息的人或物都被视为不受欢迎的障碍。

我们写这本书的时候，传来了艾伦·斯沃茨（Aaron Swartz）自杀的消息。他是一名黑客，是免费开放信息运动的推动者和捍卫者。在他悲剧而又短暂的一生中（享年 26 岁），他已经与人合作完成了"简易信息聚合[①]Real Simple Syndication"（RSS）——那时他才 14 岁。这个创新在谷歌阅读器的开发中起到了至关重要的作用，而谷歌阅读器现在已是很多人每天必用的科技产品。他还参与了网上开放性免费图书馆（Open Library）的建设，目

① 一种信息聚合技术，为了提供一种更为方便、高效的互联网信息的发布和共享。——编者注

的是让每一本曾经出版过的书籍都有自己的网页。他还合作创办了红迪网（Reddit），一个非常受欢迎的社交新闻网站。在开放资源 / 代码 / 网页的运动中，他是一名狂热的战士，在“知识共享许可”（Creative Commons licensing）的开发过程中贡献良多（知识共享许可是以许可证的形式对抗版权的一种手段。它方便资源创造者能自由地分享他们的材料，并允许他人在他们已创造成果的基础上进行合法地改进）。

后来，斯沃茨领导了对抗互联网审查的战斗，建立了求进会（Demand Progress），一个数字权利组织，在挫败“禁止网络盗版法案”（Stop Online Piracy Act）的战役中扮演了关键角色。“禁止网络盗版法案”是由美国国会于2012年颁布的，旨在限制人们可以访问的网站。斯沃茨的动力来源于一个信念，那就是：所有能让世界变得更好的信息都应该是免费的。

2008年，他起草了《游击队开放访问宣言》（Guerrilla Open Access Manifesto），其中明确地表达了他的信念：

> 无论信息储存在何处，我们都要去获取它，建立备份，并与全世界分享。没有版权的信息我们也要拿来将其加入档案中。我们还要购买秘密数据库，然后放到网页上。我们要下载科学杂志，上传到文件共享网站。我们要为游击队自由路径而战。[2]

这就解释了最后的那次行动为什么会把他逼上绝路。为了解放被禁锢在学术机构“付费”大门后面的信息，他开始通过麻省理工学院的无线网络，从主机之一的 JSTOR 论文数据库上下载大量的学术论文。当麻省理工学院察觉到并封锁了他的无线访问路径以后，他就偷偷地潜入。他发现一个网络柜并由此黑进了学校的网络。麻省理工学院发现了他的行动。2011 年 7 月，他被马萨诸塞州检察官指控，有可能被判 35 年监禁及 100 万美金的罚款。

2013 年 1 月，在等待多项所谓的计算机犯罪指控的斯沃茨自杀了。我们将永远都无法得知他为什么要结束自己的生命。不过，斯沃茨的家人已经站出来指责司法系统及其恐吓手段要对斯沃茨的自杀负责。他们说："马萨诸塞州的美国检察院和麻省理工学院作出的决定导致了他的死亡。美国检察院对他作出的一系列指控非常严苛，用超过 30 年的监禁来惩罚一项没有造成任何伤害的'罪行'。"[3] 我们大概可以推断，被监禁起来的斯沃茨，就好像他一直热切希望解放的那些信息一样，对他这样的人来说简直就是一个诅咒吧。

黑客行动 2.0

"黑客"一词通常被用来指代萨姆 · 罗伯茨这样对计算机系统了若指掌的人，或是艾伦 · 斯沃茨这样为解放信息而战的斗士。但现在，这个词的内涵已经被拓展得非常丰富了。我们可以说弗洛伦斯 · 南丁格尔①（Florence Nightingale）"黑"了医疗行业，因为她创造了护理这个职业。马丁 · 路德 · 金②（Martin

① 护理事业的创始人和现代护理教育的奠基人。——编者注

② 著名的美国民权运动领袖。——编者注

Luther King）“黑”了我们的政治系统，因为他为民权而战。小孩淘气的自拍照出现在父母的手机上，父母也笑称手机“被黑了！”还有一个家具装饰画家改变了一个宜家梳妆台的风格，以至于已经看不出来它是这个无处不在的瑞典品牌的产品，在照片分享网站拼趣（Pinterest）上，这个画家就被称为“宜家黑客！”

近几年，“黑客”的概念依然在变化着并融入主流企业中。它们开始举办自己的“编程马拉松（又称黑客松）”，像“黑客”、“瓦解”这样的词在大多数未来型企业文化中也都找到了位置。这些企业已经明白黑客行为不仅可以发现系统的弱点，还能对其进行改良。

在另类经济中，黑客的准则是了解已有的东西，然后把它变得更好；还有就是深入地了解一个系统，这样你就能更高效地拆解它。“了解你的敌人”，之所以是一个被用烂了的比喻，是有其原因的：好好理解你想重新创造的系统会赋予你极大的力量。

18 世纪的黑客：海盗

“每个人对时事都应该有平等的表决权。”首先我们来谈谈古往今来最成功的海盗之一：巴沙洛缪·罗伯茨①（Bartholomew Roberts，又称“黑色准男爵”）。18 世纪初短短三年内，他就洗劫了 400 条船只。[4]

是什么让罗伯茨这类船长能屡屡得手？海盗船长又是如何在一群不法之徒、反叛者和另类人士中培养起奉献、忠诚和合作精

① 海盗黄金时期最成功的海盗之一。喜欢穿华丽的黑色礼服并满身佩戴珠宝，不喝酒而爱喝茶，语言文雅，很是臭美，所以人们送他一个绰号“黑色准男爵”（Black Bart）。——编者注

神的呢？他们是怎样建立体系、规则和秩序，以规范和激励他们的船员，让每个海盗都全身心投入工作的呢？

海盗们是通过颠覆传统模式来做到这些的。萨姆·罗伯茨这样的计算机黑客研究电脑系统，拆解它以了解每个部分，认真地找出弱点，然后用他们的知识来重建一个更好更完善的系统。海盗也有类似的思维模式。他们颠覆了主流商船的系统——海盗中的很多人都是来自于这个系统的。

他们之前在这些商船上一般都被对残酷无情地对待。商船上的水手只是为了金钱出卖他们的劳力。他们没有投票的权利，有的只是极少的发声机会，而且他们对参与的冒险活动也没有所有权。他们的工资很低，贸易航行只能为他们带来不足 12 英镑的年收入，而海盗业能带给他们的收入是这个的一百倍，甚至上千倍。[5]

在商船上，船员面对的是掌握在船长手中的专横的纪律。船长的目标只是满足这些商船在陆地上的主人的利益（高等海事法院这一时期的记录充斥着鞭打、折磨和谋杀[6]）。商船水手的头领常常是极其享受他们毫无限制的处分权，而且时刻准备着行使这种权利。

正是商船上生活的艰辛促使海盗们开始反抗传统的模式，而且要颠覆它，改善它。由于做过商船船员，他们非常清楚整个系统，也准确地知道它的弱点，自身的经历让他们清楚商船上的等级制度会让船员感觉到不满和压迫。

海盗们用这些知识拆解了原有的系统，然后将它重建为完全不同的形式。他们把他们所了解的世界翻了个底朝天：海盗船完全就是商船的反面。但正因为这样，他们才能让男人们团结在一起，赋予他们一个目标，一股热情，以及对整个任务和海盗价值观的强烈认同感。“海盗们有很强的集体意识，”马库斯·雷迪克（Marcus Rediker）在其《万国恶棍》一书中写道，“无论在海上还是在港口，他们都持续显示出团结的意愿，即便有时候船员们互相都不熟悉。”[7]

最不可能的民主党人

这种黑客行为是怎样的呢？海盗创造的新世界，是与商船系统完全相反的新秩序，是基于所有权的共享、平等和民主。隐藏在海盗旗背后的是与大多数人一样的对健康、财富和平等对待的渴望。通过“黑”已有的系统，他们创造了一个自治的民主体系。这个体系孕育了足够的信任，秩序和合作，令 18 世纪的海盗船成为成熟、运营良好、非常成功的犯罪集团。

一些在官方授权的私营船长和海盗（这两种人在某个时期曾被政府雇用打击敌国）的船上发现的文章显示，海盗曾写过宪法章程作为他们统治管理的基础。

正如当时的“海盗记者”查尔斯·约翰逊（Charles Johnson）描述的，“（海盗们）起草了一系列的文件，他们在上面签字或是起誓……这样在他们的社会中就能进行更好的对话，也能公平地对待每个人……”[8]在每次起航前，他们会民主地建立一些机构，以确认海上探险是否获得一致认同，这就让海员们能自行决定去留。海盗们有了选择的权利。

这在当时简直是一大创举。彼得·利森（Peter Leeson）在

《无形的钩子：隐藏的海盗经济》（*The Invisible Hook: The Hidden Economics of Pirates*）中就写道："在英国皇室最后一次拒绝（国王对国会决议的）御准①（Royal Assent) 前十年，在大陆会议（Continental Congress）批准《独立宣言》前一个世纪，以及民主在法国（1789 年）和西班牙（1812 年）萌芽前约 150 年，这些 18 世纪的另类海员已经在运行民主的治理模式了。"[9]

海盗船长或头目都是民主选举产生的。而且为了分权，防止权力的滥用，海盗们还特地设立了军需官办公室，军需官的职责是处理纪律及供给问题，包括对伤员的补偿，对特殊贡献的奖励，以及适当的惩罚。[10]

军需官由最受信任的船员担当，但船上最有权力的机构是共同委员会，由船上所有的人组成。这个委员会有废黜船长和军需官的权力——不受任何限制，它所作出的决定都是神圣的。即使是最勇敢的船长也不敢质疑它的权威。[11] 会议定期召开，以决定供给的分配这类问题，或是决定是否要攻击目标。对于可能影响到团体的任何决议，船上每个海盗都有发言的权利。

这种对商船上的层级系统的再创造——或者说颠覆——意味着每个船员都是海盗船上真正的权威。除非处于战斗中，否则海盗船长只是众多声音中的一个："是大家准许他做船长，"查尔斯·约翰逊评论说，"条件是他们甚至可以凌驾于他之上。"[12]

海盗船的另一个特点是扁平的收入结构。之所以这样设计，是为了消除可能击沉整个集团的物质上的不公平。通过大致平分

---

① 御准又称王室同意，是指立宪君主正式批准并颁布其国家议会法案，由此建立法律的程序。——编者注

打劫到的财物，海盗集团培养出动力满满的船员，让他们觉得自己是主人翁，被赋予了权力，自觉自愿地进行劫掠活动。[13] 在社会主义者宣告不公平待遇的弊病的前几个世纪，在金融危机暴露出华尔街执行官和普通雇员收入间的巨大差距以及它可能造成社会崩溃的前好几个世纪，海盗们已经破解了这个密码：他们明白物质的不平等会导致信任的缺失，会导致人们不愿意合作去达到一个共同的目标，也就无法创造出一个强大的公民社会。马库斯·雷迪克说，“（海盗们）经历痛苦得到的经验告诉（他们）公平的分摊风险会增加每个船员存活的机会。”[14]

海盗们还有别的福利，用以促进合作。他们的治理框架包括给战斗伤员提供收入保障，做了额外工作的船员则会获得奖金。这些激励因素和社会保障方案起到了很好的作用，查尔斯·约翰逊这样写道：“（海盗们）在瞭望的时候肯定非常认真；因为，根据他们的文件，第一个观测到有价值的船只的人，将被授予船上‘最佳火枪手’的称号，并且得到高于他股息的奖赏。”而且，海盗船上的船员不会为了分赃而互相欺骗，起码好于同时期的商船船员。帕特里克·普林格尔（Patrick Pringle），《海盗旗：海盗大时代的故事》（*Jolly Roger: The Story of the Great Age of Piracy*）的作者写道：“我没有发现一起因分红导致的肢体冲突，也没有发现为了减少股东数而起的谋杀。”

管理海盗船的无阶级方式已经延伸到薪酬之外了，这是对传统商船系统的进一步颠覆。船员在船上生活的各方面都享受和船长及其下属一样的社会权利。如果船长企图在船上为自己安排更好的生活，就将面临被罢免的下场。

通过“黑”已有的商船系统，海盗们培养出了富有激情、聪明、有创造力且有高度责任心的船员，即使在这些男人们为完成使命，冒着生命危险激战的时候，也是如此。他们搭建起的管理结构成功地统一了这些不法之徒、恶棍和反叛者的利益，然后把这群乌合之众变成了一支支善于合作且有凝聚力的队伍。他们在“工作”的时候无比高效，制造了一个最不安宁的时代：海盗的“黄金时代”。

我们之前已经提过，巴沙洛缪·罗伯茨的船员在三年内（1719 年到 1722 年）就独立抢劫了 400 艘船，还有黑胡子①（Blackbeard），打劫的船只数目也与其相去不远。“要是我们粗略估计剩下的七十几个海盗船长平均每人洗劫了 20 艘船……我们就会得到一个数字：2400 艘，”马库斯·雷迪克在他的书《万国恶棍》（*Villains of All Nations*）这样写道。鉴于这些海盗才横行了不到 10 年，这个数字是相当惊人的。

另一种衡量他们成功程度的方式是看海盗的活动对大西洋贸易的破坏程度。雷迪克写道，从 1715 年到 1728 年，英国的船运业“零增长”，这正是海盗最猖獗的时期。商船的船长和船主不断向政府激烈抗议，要求政府采取行动保护海洋，当然还有他们的贸易。

“海盗”，雷迪克接着说，“对财产、个人、社会、殖民地、国王、皇权、国家、世界，当然还有全人类，都是个威胁。”[15]

在电脑发明前数世纪，海盗已经成功地宣布了黑客的力量，

① 海盗爱德华·蒂奇（Edward Teach）的绰号，他是世界航海史上最臭名昭彰的海盗之一。——编者注

展示了研究原有构造，拆解系统以了解它的每个部件，然后用所得知识改进系统的这种力量。

为什么做黑客？

今天，与黑客相关的特征正在新的工作文化中点燃希望。黑客引领的很多非正规形式的原则已经开始影响主流工作文化，其中包括：基于解决问题的工作，开放和透明的文化，注重名誉和基于同辈的问责制（而不是严苛死板的层级关系和经理制），还有就是允许员工看到新机会就行动。

在一封给潜在投资者的信中，Facebook 的创始人马克·扎克伯格描绘企业文化和独特的管理方式时，他称之为“黑客的方式”。[16]“黑客行为，”扎克伯格写道，“是一种创造的方式，也是一种测试我们能走多远的方式。”接着，他将黑客描述为那些着迷于不断完善和升级的人。这些人相信永远都存在提升的空间，“没有什么是完美的。”

黑客也尝试“从小的升级迭代中学习，而不奢望一气呵成”。脸书就搭建了一个测试平台，让员工可以在任何时间试用该网站成千上万的版本。扎克伯格写道：“我们的墙上刷着一行字‘完成比完美更重要’，时刻提醒我们要不断钻研。”

脸书已声明它信奉黑客伦理，由此我们可以看到企业在试图吸收黑客亚文化时的风险。而这只是黑客运动主流化的众多方式之一。有很多黑客伦理仍主导着具有破坏性的创新活动，挑战着现存事物的潜在逻辑和范式。而这些才是我们感兴趣的案例——黑客在这些事件中扮演了变革者的角色。

“黑”现有秩序

伊万·阿雷金-托夫特（Ivan Arreguin-Toft）是不对称冲突理论的研究专家。他在他的研究“弱者是如何赢得战争的”中分析了大型军队和弱小对手之间的战役。[17]他发现在过去的200年，大约30%的不对称战役中，数量上处于劣势的军队却占了上风。小军队中的每位战士，平均要对抗10个敌军。那为什么小军队会占上风呢？通常是因为他们的领袖能更好地意识到情况的改变，并且能够快速地调整战略——军队规模较小也是有好处的。这个惊人的数字向我们证明了做一个黑客的优势：看似弱小但敏捷的反抗者最能挑战现有的秩序。

在商业世界里也可以观察到类似的动态。在这里，势单力薄的玩家也开始采用黑客的思维模式，以敏捷果断的行动打败更大、资源更丰富、结构更固化的对手。就这样，他们在一个又一个行业中破旧立新。“空中食宿”（Airbnb），一个普通的房屋出租平台，已经把庞大的酒店行业搅得天翻地覆。免费音乐软件公司“声破天”（Spotify），以及更多类似公司正如潮水般席卷音乐行业，迫使其改变原有的商业模式，从要求消费者购买音乐变成了让他们体验音乐。汽车租赁和共享公司如美国网上租车公司（Zipcar）令汽车行业不得不自我反省，从而间接地导致了从卖车到出售使用权的转变。

甚至毒品走私集团——以及当代的黑手党——近几年也开始借鉴起了黑客的做法。《外国政策》（*Foreign Policy*）的前任主编，莫伊塞斯·纳伊姆（Moises Naim）是这样描写毒品行业的变化的："死板的等级制度与中央集权已经不再适用于高速发展的全球市场，因为机会和危机都变化得太快了。"[18] 纳伊姆接着指出毒品集团已经舍弃了等级制度，开始应用分散的网络形式。用他的话来说，就是"远离了集权的头领，走向多元的，连接松散的，散布在各处的代理商和分销员；远离条条框框的规则，走向由机会主导的不断变化的交易形式"[19]。

无独有偶，在一篇投给《哈佛商业评论》（*Harvard Business Review*）的文章中，马克·古德曼（Marc Goodman）（一名前警官和反恐顾问，现在则是网络风险和情报专家）道出了犯罪集团的进化过程："现代有组织的犯罪集团已经舍弃了《教父》①（*The Godfather*）中老板（don）、指挥官（capo）、中尉（lieutenant）这种头重脚轻的结构。现在大多数帮派，包括基地组织和其他恐怖组织，都是松散联合的网络系统，而且他们不仅雇佣暴徒和打手，也招聘网页设计师和黑客。"[20]

实体黑客

在第一部分"另类哲学"里，我们曾介绍过法国的实体黑客团 UX（Urban Experiment 的缩写，意为城市实验），他们在巴黎执行着他们的秘密任务。UX 不是计算机黑客，但他们遵从黑客伦理：他们将工作对象拆解并修复，和计算机黑客对程序所做的如出一辙，只是对象不是程序，而是实实在在的物体。

UX 是由一群法国男女组成的，他们都有"正常的"工作和家庭，同时也有不同的角色设定（甚至假名），为了完成使命而

① 著名黑帮题材的电影，改编自马里奥·普佐的同名小说。——编者注

潜入地下。乔恩·莱克曼（Jon Lackman），一位作家同时也是艺术史家，将他们的使命描述成照顾“那些败家子们：法国文明中那些古怪的，失宠的，被遗忘的文物”[21]。

这个团体最著名的行动是2006年他们大胆潜入先贤祠（Pantheon）那次。先贤祠是法国最神圣的建筑之一，这里长眠着伏尔泰①（Voltaire）、维克多·雨果②（Victor Hugo）和爱弥尔·左拉③（Emile Zola）。UX的任务是，潜入并修复一座被忽视的19世纪大钟。躲过了警报系统和安保人员，UX在一间隐蔽的房间里铺设了电线和网线，将工作所需的工具也偷运了进去，甚至设法运入了一台冰箱！他们花了整整一年时间修复了先贤祠的大钟——这座大钟从20世纪60年代开始就一直苦苦等待法国政府许诺过的修复计划。

虽然没有被正式地承认为“专家”，但UX已经因为他们的潜入及修复行动获得了广泛的赞誉。他们的知识，特别是对巴黎庞大且复杂的下水道系统的了解让他们能够潜入连法国当局都很难进入的地方。

和“黑客伦理”那种非正式且松散的编纂方式一样，UX也没有什么宣言，有的只是通过不断试验并收集情报的渴望。乔恩·莱克曼是这样向我们表述的：“在法国，‘experience’这个词既可以表达‘经历’的意思（“经历一件事情”的“经历”），也有‘实验’的意思。”UX的成员把每个项目都看成一次有收获的经历，同时也像做实验一样，他们试图探索世界运行的方

① 法国启蒙思想家，18世纪法国资产阶级启蒙运动的旗手。——编者注
② 19世纪法国浪漫主义代表作家。——编者注
③ 19世纪后半期法国重要的批判现实主义作家。——编者注

式。和我们在这一章中前面已经介绍过的那些黑客一样，UX 蓬勃发展的动力也在于他们想成为一个系统的专家。对这个系统进行的实验可以揭示经验教训，而每一个实验都是建立在前一个的基础上的。“但是实验是无法孤立存在的，”孔斯特曼告诉我们。要让一个创新兴盛起来，组织必须要有不断提问的能力。对于 UX 来说，每个项目都需要不断地跟进完善，否则，它很快就会枯萎死亡。

他们组织的结构令其本身永远处于探索求知以满足好奇心的状态。UX 开展的每个活动都秩序井然（“女性总是处于主导地位，”孔斯特曼告诉我们，“因为她们更擅长同时处理多个任务，而且能直觉性地判断一个计划是否现实合理。”），有不同的小组专攻不同的领域（其中一组负责收集渗透入关键通道和建筑的情报和数据，别的组负责电影和艺术节的运作）。这个组织作为一个整体来看一点儿都不正规：“每个人都可以自由地进出各个项目、小组，也可以自由地交换角色。”一个原本负责渗透的组员可以轻易地转到组织电影节的那一组，同时带去想法和观点的大礼包。

和计算机黑客一样，UX 狂热地坚持将每个项目、每次活动——无论成功与否——都录入其不断丰富的数据库中。孔斯特曼谈到这种行为的时候将其与西班牙征服者到达南美的历史联系起来。他认为西班牙征服者屡战屡胜的主要原因之一就是他们有一个庞大的军事图书馆。“他们了解书中记载的每个军事策略。”UX 从这些西班牙征服者身上学到了这一点，通过对自身经历的完备记录以及团队内自由流动的信息，他们在社团内建立起了一个智能情报库。

UX 代表着黑客精神。他们之所以反抗权威，不仅仅是为了满足自身对修复和完善文物的追求，也是为了把社会变得更美好。就像 18 世纪的海盗和之后的计算机黑客一样，他们通过提高对他们想改进的系统的认识以便高效地重建它。

可能最重要的一点是，UX 一直保持伪装，通过地下隧道系统偷偷作业。对于任何黑客来说，知道怎样避免被发现是至关重要的，这样你才不会引起体制内反对势力的怀疑和清除。伪装不只是小人的伎俩，也可以为一般人所用，躲过“雷达”的探测，直到获得许可和支持。

不情不愿的黑客，大器晚成的另类人士

加里 · 斯拉特金（Gary Slutkin），医学博士，从来就不是一个另类人士，而是一位经过专业训练的内科医生。“是非常传统的培训”，他补充说。斯拉特金博士曾经致力于设计行为变化和疫情控制方案。作为鼎鼎大名的旧金山综合医院（San Francisco General Hospital）的住院总医师，斯拉特金曾主持肺结核防治计划。两年后，周边地区结核感染新病例数下降了 50%，而肺结核病治愈的比例从 50% 提高到了 95%。

斯拉特金博士的下一站目标是索马里，在那里他要为国家初级卫生保健部门工作，并协助防止结核病的传播和霍乱的爆发。当斯拉特金告诉他在旧金山综合医院的导师自己要去索马里的时候，导师告诉他这会是他所犯过的最大的错误，他正在毁掉他自己的职业生涯。

到索马里以后，斯拉特金发现自己面对的是可怕的难民现状：超过 100 万难民挤在 40 个难民营里。与他合作的队伍资源有限，而难民营的规模却庞大得可怕，他们最终只能招募并训练难民成为专业的卫生员。和弗洛伦斯·南丁格尔开创护理专业很类似，这个做法也将一个新的工种引入了医疗卫生系统，而且这些土生土长的工作人员更容易获得当地人的信任。

在索马里工作三年以后，斯拉特金又在世界卫生组织谋得一个职位，于是前往乌干达（Uganda）与艾滋病疫情作斗争。结果，他花了差不多 10 年时间，在非洲和欧洲的 15 个国家领导抗击传染病的战斗。

这样的选择让斯拉特金的私人生活和职业生活都备受煎熬。10 年高度紧绷的神经让他身体和精神都疲惫不堪，情感上也与家人缺乏交流。但他还是非常欣慰地看到了很多重大突破。

回到美国以后，他很快又被“接下去做什么？”的问题所困扰。他开始听说孩子们开枪射杀对方的事情。“我在报纸上读到这些令人震惊的事情：十一二岁的孩子在大街上互相残杀。我问大家对此都采取了什么行动。”这是一个简单的问题，一个任何关心社会的公民都会问的问题。但就是这个问题，让斯拉特金之后花了 15 年来寻找答案。

从作为一个传染病领域的内科医生和行为专家接受训练开始，斯拉特金就对治疗暴力行为的所谓疗法感到震惊和失望。“我们知道惩罚不是行为的主要动因，”他告诉我们，“这是一个陷入僵局的问题。”灰心丧气的斯拉特金开始研究暴力发生的模式，得出了一个惊人的观测结果：暴力的传播竟与传染病十分相似！“在我研究的暴力分布图上，我看到了非常典型的汇聚现象——与我在霍乱这类流行病的传播地图上看到的一模一样！”这一刻斯拉特金突然领悟了。“我想，如果我们像对待传染病一样对待暴力行为会怎样呢？”

我们社会中潜在破坏性最大的不安因素就是暴力。但是，人们在探讨暴力问题的时候常常给暴力个体贴上离经叛道者或者“坏人”的标签。斯拉特金想，如果我们除去这些标签和评判，开始客观地看待暴力行为，结果会怎么样。暴力行为就好像疾病——比如感冒一样会传播和蔓延。他开玩笑说：“在显微镜下你是看不到坏东西的。在科学的领域没有好坏的概念，也不存在敌人一说。”

他从有这个想法到迈出下一步花了相当长的时间。整整5年，他一直在脑中重构暴力问题的框架。他陷入了有关暴力行为动因的讨论和辩论中。他阅读了所有最近的研究报告和白皮书，对这个课题着了迷，并醉心于那些他认为可以给这个世界带来“良药”的方法。这种对自己试图修改的系统的知识近乎强迫症式的探求，对任何一个黑客来说都是极为重要的。你必须先要理解那些规则才能破解它们或是引领一些非凡的改变。还有就是，用一只眼关注你想要改变的系统，另一只眼则在系统外保持广阔的视角，这样你才能同时具备局内人和局外人的双重思维模式和方法。

斯拉特金先前卫生健康领域的背景以及在暴力行为防治领域的投入，让他站在了一个有力的观测点，这里他能看到整个系统的偏见。比如，斯拉特金见过很多现存的应对暴力行为的方法都将注意力放在惩罚上，但根据他在卫生健康领域的工作，他知道惩罚从来就不是改变行为的有效途径。很多人支持惩罚，这让斯拉特金想起了传染病史上的一个时期，当时人们缺乏对疾病的理解，以为瘟疫、麻风病和天花是由坏人或是“体液失衡”引起的。斯拉特金告诉我们这些误解是如何将人们导向指责、排斥和惩罚疾病受害者的——这种行为令病人遭受了更多的痛苦。

摘掉道德的有色眼镜看暴力行为需要采取极为不同的手段。而且贫困、种族歧视、毒品和其他慢性问题对暴力群体都有影响力，而要处理这些复合而成的系统问题是不可能一蹴而就的，也不是可转移的。即便与政治体制合作，规范枪支管制都可能耗费数十年却未见成效——至少在美国是这样。斯拉特金意识到，与其等着神奇的银子弹[①]解决方案，不如他来帮助停止暴力的蔓延，就像他曾在索马里阻止过疾病的蔓延一样。

从那时起，斯拉特金的组织——“治愈暴力”（Cure Violence）就是基于一个简单的假设构建起来的：最关键的是破坏暴力的传播。

然后，斯拉特金设立了一个社区角色，叫“暴力调解员”。暴力调解员是一些外延工作人员，他们会介入干涉那些暴力可能会发生的微妙情况，就像他在难民营雇佣的社区外延工作人员一样。如果人们在某个社区听到带有报复性质的枪击声，或是帮派正在酝酿冲突，他们就可以求助于暴力调解员，后者会赶来，尝试阻止暴力事件的发生。

---

① 西方鬼怪小说、电影中，银子弹是唯一能够有效对抗吸血鬼、狼人和其他恶魔的武器。——编者注

例如，一位芝加哥的母亲发现她的未成年儿子和他的朋友们在家中组装武器。她很害怕，不知道怎么办，因为她不能打电话给警察来逮捕她的儿子和他的朋友，但是她需要帮助。她打电话给“治愈暴力”组织以后，几个暴力调解员被派来与这些少年谈话。经过几个小时的交谈，他们成功地让这群孩子冷静了下来。调解员知道怎么争取时间，让人们冷静下来，最重要的是，他们懂得倾听——他们所掌握的利器就是劝服的艺术。

这些调解员一般来自暴力事件爆发的社区。他们中不少人曾经入狱或本身有接触暴力的经历。因此，他们在所服务的社区具有一定的信誉，这就让他们比警察更有效力。

斯拉特金向我们说起其中一位暴力调解员的故事。这位调解员正在劝说一群准备去杀人复仇的人，就在这时他接到一个电话，说附近又有一起冲突正在升温。他就请这第一群他正在劝解的人跟他一起去另一个现场帮助他调解另一群人。他向他们询问建议，让有冲突的那帮人冷静下来。这样，他就让第一群人的注意力完全集中到如何帮助另一群人上，而把自己的问题忘了。通过帮助他处理第二个冲突，倾听别人的问题，这群人也得以从自己的问题中抽离出来，获得了不同的视角。

“治愈暴力”组织介入的另一个事件和一个孩子有关。这个小孩躲在他父母房子的地下室里 6 个月，因为他在学校被威胁说如果他还敢去上学就会被杀。他的父母最后只好打电话给暴力调解员，这位调解员在该社区享有很高的信誉和声誉。他到学校找到了那个出言威胁的男孩，请他帮忙。因为调解员们信誉高，被信任，也有方法，因此在这类情况下他们的劝说就非常有力。

"治愈暴力"组织开展行动的第一年，芝加哥的西加菲尔德地区（West Garfield）枪击事件就下降了67%，而其他对照地区的该项数据则不足20%。事实上，这个地区曾有90天未发生任何枪击事件，这在以前是闻所未闻的。在伊利诺伊州一位州议员的帮助下，"治愈暴力"组织将行动范围扩大到了其他社区。这些社区在"治愈暴力"介入的第一年枪击事件就下降了42%，而其他地区只下降了15%。

15年后，斯拉特金着手改变我们诊断、治疗暴力行为的方式。"治愈暴力"的影响范围扩大到了整个美国，活跃在22个城市。纽约市最近宣布计划投资1270万美金让这个项目能覆盖整个城市。斯拉特金的方法不只在美国风行，在别的国家如伊拉克也一样。在伊拉克，"治愈暴力"至今为止已经制止了超过五百起案件的发生。

运转到现在，"治愈暴力"已经在它服务的社区将谋杀案件减少了56%，枪击案件下降了44%。而且，这个组织还在改变人们对暴力的看法。有"治愈暴力"服务的社区人们对枪支持不支持态度的比率是其他社区的四倍以上。

不过，将这种对待暴力的另类方式主流化并非易事。"我从来没想过会遇到阻力，"斯拉特金告诉我们，"我们从没想要颠覆什么或是'黑'一个系统。我本来就不是那个背景的人。我所做的只是以从卫生健康领域获得的视角来设计一些东西，以填补一个明显的空缺。在卫生健康领域，人人都想要得到更好的治疗。但当我想把更好的治疗手段带入暴力控制领域的时候，却惊讶地发现大家竟认为这是具有破坏性和威胁性的。这时候，我才开始感到自己像个黑客。”

斯拉特金告诉我们“治愈暴力”遇到了来自联邦机构、学术机构、法律部门、监狱系统及暴力防控领域其他竞争者的阻力。因为斯拉特金没有暴力防治方面的背景，他的诉求被多次驳回。“我不是这个系统的一员，”他说，“我一开始提出的很多建议都被拒绝了。”如果你要从外部“黑”进一个系统，很重要的一点是找到系统内的盟友。这些盟友认同你，会帮你获得更广泛的支持，否则你很容易引起体制内反对者的怀疑或是排斥。这就是斯拉特金在这些年学到的东西。

人们对这个方法持反对态度的另一个重大的原因是道德观念。“‘诉诸暴力的人不是坏人’这个想法真的打破了人们传统的思维模式。因此很多演员都被困在非好即坏的角色设定里，而媒体也是处于同样的困境。”

让斯拉特金如此成功的原因是他专注于不断地从结果中学习。他说他们的理论变得越来越好。“暴力是一种会传染的过程”这一观点越来越得到认可。他们帮助人们意识到你“不能靠逮捕和监禁来解决暴力问题”，斯拉特金这样说。

经过这么多年，斯拉特金已经能够向我们提供另一种对待暴力的方式。他挑战了有关暴力的根深蒂固的旧观念以及这种旧观念的顽固支持者——他“黑”了整个原有的体系。然后他提出了一种终结暴力的方法。他的暴力调解员构成的网络系统正是他希望暴力防控系统能够接纳采用的“黑客”。

像斯拉特金这样的黑客的成功仰赖于实验法——随机应变、勇于尝新的能力——以及能够感染主流的能力，或是能够将你的新方法打包植入现存的规则和范式的能力。

斯拉特金正尝试让当地政府、警察机关和社区服务网络采纳他的方法。但是“治愈暴力”组织并不是通过严格的复制扩大其规模，而是与城市团体及其他组织建立伙伴关系，来传递他们的方法。他们在传播方法、承办培训项目的时候秉承的是开放资源的原则，旨在分享他们的所知。

以这种方式，斯拉特金实际上代表了黑客的思维模式：他认为他通过建立“治愈暴力”组织获得的方法和知识都应该是对大众开放的，可获得的，并且欢迎大家对其进行修改完善。实际上，在黑客的世界里，没有什么产品是最终成品。一个系统永远存在改善的空间——在这一信念的支撑下，黑客们把他们的项目看成活的有机体，如果不持续给予关注和照料，该项目就会死亡。“治愈暴力”组织完美地展示了这一点：“这有点像一个资源开放的网络，”斯拉特金告诉我们，“我们的干涉是不完全的——必须要持续进化。我们不断调整模型，使其更加强大和有效，我们也在构建一个网络，以分享我们所知道的东西。”

当我们问斯拉特金他的“黑客策略”是什么的时候，他坦诚自己并不是一个具有攻击性的黑客。“我不喜欢打斗，”他说，“我不和反对者正面冲突，只让事实结果说话。时间长了，我们就发现越来越多的人开始支持这个运动。”比如，现在司法部门正在全球传播他们的理念。斯拉特金希望国际组织如世界卫生组织也能开始像对待流行病一样关心暴力问题，将其纳入健康问题的范畴。“要让人们真的信服这种方法，我们需要卫生健康部门站出来进行解释说明——告诉大家很多暴力行为都是无意识获得的——而且是会上瘾的，就像抽烟一样。”

未来，斯拉特金想象每个卫生健康部门都有一个强大的暴力管控部。这个部门会与精挑细选的社区组织联合起来，这些社区组织能够派遣调解员，而调解员组成的网络又能够和医院协调合作。因此，你将看到暴力事件的伤员所在的急救室里总会有一支常驻调解员队伍帮助阻绝复仇行动，并高效地医治受伤的人。“不只是医治他们的伤口，”斯拉特金说，“还要医治他们的心理问题，这样他们离开医院后才不会又走上街头传播更多的暴力。”

※ ※ ※

黑客精神贯穿整个另类经济。想要反抗现存系统的热望；对免费分享信息以促成合作性创新的忠诚信念；想要修复或改进一些东西的渴望；想要深刻地了解一个系统（及组成部分）以重建或加强它的强烈愿望——这些都是我们在探索如何改进我们周围的组织、系统或机构的时候，能够被运用在非正规经济中的原则。

5

挑衅

想象一下，一个 12 岁的孩子问你：“如果我们不用去上学会怎么样？”

好吧，也许并不难想象一个 12 岁的孩子会问这个问题。但如果这是一个哲学质疑，会导致人们改变对教育的重视程度并改变人们构建教育体系的方式，那又会怎么样？

12 岁的小男孩戴尔·斯蒂芬斯（Dale Stephens）就曾思考过这个问题。他因为讨厌坐在教室里上课，就决定离开学校，一头扎进了 “非学校教育”。非学校教育是一种家庭式教育的形式，强调在真实世界中学习的经历，而不是围绕课文展开的课堂学习；强调以学生主导的“课程”而不是老师或政府强制的学习内容。当他的同龄人都进入传统初中和高中学习的时候，斯蒂芬斯已经开始创业，旅居国外，投身于政治运动中，还参与建起了一个图书馆。

2011年，斯蒂芬斯创立了UnCollege，任命自己为“首席教育怪人”。UnCollege向那些希望在传统高等教育领域（如高等院校）以外获得更多教育机会的学生提供资源，受到他自身经历的启发——非学校教育，以及在高等学院学习的挫折经历［他短暂地上过阿肯色州（Arkansas）的亨德里克斯学院（Hendrix College）］，斯蒂芬斯说UnCollege的目的不是说服人们不要去大学，而是提供另一种可选的教育方式，同时鼓励更多的人考虑一下进入传统高等教育机构的机会成本①。

UnCollege为学生设计了一些资源、论坛和工作室，让他们无论在不在院校，都能获得有用的生活技能。公布在网上的UnCollege宣言多达25页，是由斯蒂芬斯起草的，涵盖了诸如“高等院校学位的价值（或是缺乏的价值）”，“自主学习的十二个步骤”等主题。它同时也提供帮学生和导师取得联系的服务，并鼓励用户间合作互助以巩固他们的另类教育经验。

从小，斯蒂芬斯就有足够的钱能找到导师教他他想学的东西。他14岁的时候得知一个朋友的母亲是作家，他就请求她做自己的导师。这位朋友的母亲指导了他几年，直到斯蒂芬斯的写作技巧进步到他觉得有自信可以自己继续提高为止。斯蒂芬斯也会去上课，在那里他和其他不上学的孩子就他们感兴趣的话题自己组织学习：

跟我在学校相比，这棒极了。我记得在学校的时候我常想：‘为什么我要每天花7小时和老师和学生在一起呢？

① 机会成本指为了得到某种东西而所要放弃另一些东西的最大价值。——编者注

他们也根本不想在那里。’这简直就是浪费时间。

回顾他自己的教育历程，斯蒂芬斯觉得他学到了珍贵的软性技能，而这些技能在传统教室里通常是被忽略的。“我发展出了更多元的技能，而不仅仅只是被灌输既定的素材。当我学习数学和历史的同时，我也学习如何评价自己，如何寻找导师，如何设定目标，还有最重要的是，如何具有自我意识。所有这些事情，当我在学校的时候没有人想过要教我……”

16 岁的时候，斯蒂芬斯很肯定自己更想在科技领域创业。他的第一份工作是在一个科技公司，和一群从普林斯顿大学（Princeton University）辍学的肄业生合作帮助学生找到理想的高校。“我们这些肄业生却在帮助人们进入教育系统，这好像有点滑稽。但我从中学到了很多。”

尽管斯蒂芬斯非常成功，但他依然惊讶地发现他需要一直为他离开学校的这个决定辩护。“从我离开学校开始，我就每天都在为我的决定与别人争论。当我说‘我是同性恋’的时候，没人会说你想过要做直男吗？但他们却会问我：‘哦，你要是当初待在学校，现在会怎么样呢？’”

“我们的教育系统是用来将农民改造成工人的，如今这已经不再适用了。”霍华德·莱因戈尔德（Howard Reingold）这样告诉我们。莱因戈尔德 67 岁，是《全球视野》（*Whole Earth Review*）的主编。《全球视野》创办于 1985 年，是由斯图尔特·布兰德（Stewart Brand）的《全球概览》（*Whole Earth Catalogue*）演化而来的反文化出版物。莱因戈尔德说它扎根于

“美国古老的自力更生传统”，“……建立在由艾默生[①]（Emerson）发端的另类时期。”在他看来，《全球视野》是关于分享工具和创意的图书，让人们能更从容地掌握自己的人生。“这是个希望，你知道你可以不用依赖于遥不可及的机构——政府、企业、宗教组织——来塑造你的人生。”然而很多人开始意识到你无法完全生活在美国社会之外。《全球视野》不是一个解决方法，而是一种理想。它激发了美国人去发现更自立的自己，去变成创造者和工匠。

如今，莱因戈尔德是戴尔·斯蒂芬斯团队的一员。他们在重新构思我们的教育系统，秉持自力更生和自治的宗旨。“学校强调服从，”他说，“坐在你的凳子上，保持安静。”而莱因戈尔德想实现的是发展同龄人教育模式，在这种模式里，学生不再是被动的内容消费者，而是可以互相合作学习。这和《全球视野》一样也是一种理想模式，要传达的信息是：掌控你自己的生活，不要指望正式的（教育）机构，自己动手吧！

戴尔·斯蒂芬斯、霍华德·莱因戈尔德都属于另类人士的族群，他们激起了有关教育的大讨论，他们质疑教与学的教条主义和想当然的方式，倡导不同的教育方法。正如莱因戈尔德所说：“我们正处于一个高度快速变化的纪元，只有另类人士才能为我们指明未来的方向。”

① Emerson（美国艾默生电气公司），1890年成立。经过100多年的努力，Emerson已经由一个地区制造商成长为一家多元化全球制造商。——编者注

挑衅的力量

挑衅，意思就是挑起或激起情感、欲望或者行动。在另类经济中，挑衅就是走出现实之外，想象不一样的东西；就是刺激业务，让别人看到不一样的可能性，就像戴尔·斯蒂芬斯做的那样。

挑衅的原则不在于要得到所有的答案，甚至也不需要任何一个答案，只是要创造出一些条件，让全新的对话能够发生，去挑战正统的观点，鼓励不同的意见，天马行空地去想象各种可能性。

最重要的是，挑衅是要学会增强你的自我表达，坚定你的立场，去打破现状。这种技能对任何人都是重要的——经理、夫妻、父母、企业家——他们可能是政治煽动者也可能不是，但他们被“激励”在他们的公司中、婚姻中、学校里或是自己创办的企业中表明立场，挑战“我们一贯的做法”，为新事物创造空间。

在性拘谨的年代，海莲娜·赖特倡导女性们将性看作一种享受而不仅仅是为了繁衍。作家诸如埃德加·爱伦·坡[①]（Edgar Allen Poe）和儒勒·凡尔纳[②]（Jules Verne）让我们开始设想宇宙航行的可行性。简·奥斯汀[③]（Jane Austen）通过她的浪漫小说向我们的婚姻观提出了质疑。罗莎·帕克斯[④]（Rosa Parks）在公

---

① 19世纪美国诗人、小说家和文学评论家，美国浪漫主义思潮时期的重要成员。——编者注

② 19世纪法国著名小说家、剧作家及诗人。——编者注

③ 英国著名女性小说家。——编者注

④ 美国黑人民权行动主义者，美国国会后来称她为“现代民权运动之母”。——编者注

交车上拒绝离开她的座位为白人让座，从而向种族隔离突出了挑战。可可·香奈儿[①]（Coco Chanel）拓宽了女性时尚的疆界，并且从不迟疑于表达自己的想法（“最勇敢的行为就是自己思考，并且大声地表达出来”，她曾这样说）。

艺术家和作家们，抗议者和社会改革家们，通通都是另类人士。他们都成功了。就像所有伟大的企业家一样，另类挑衅者令我们相信真实可以有另一个版本，因为他们敢于想象一个不同的世界。

探索新世界

艺术家安杰洛·弗缪仑（Angelo Vermueulen）告诉我们他从未想过会成为美国国家航空航天局（NASA）一次航天任务的指挥。2013 年 4 月，弗缪仑（他还有生物学博士学位）成为 HI-SEAS 计划的机长。这个计划是一个太空任务模拟，目的是重构在火星上生活的经历。整整 4 个月，弗缪仑和其他 5 个人住在一个建在夏威夷火山土壤上的模拟空间站内。

这次任务由美国国家航空航天局提供资金，起初是为了探索如何在漫长的星际旅程中给宇航员提供有营养的食物。但这个实验也提供了针对人员结构、领导力，以及在小小空间里建立社区的一些远见。

弗缪仑说，有时候模拟让人感觉非常真实，真的好像在火星上生活一样。例如当宇航员要参与站外活动的时候，就必须穿上宇航服才能离开空间站。但有人会说：“当你想家或者不好过的

① 法国时装设计师，香奈尔品牌的创始人。——编者注

时候，你就会从幻觉中走出来，意识到你不过是在夏威夷的一座火山上。”因此保持模拟的真实环境对于宇航员的幸福感是非常重要的。“越是真实地感到你是在完成一项任务，就越能从中得到享受。”

火星模拟和众多真人角色扮演游戏（简称 LARP）很相像。真人角色扮演游戏是一种另类亚文化，常常与那些握着剑在树林里跑来跑去的书呆子联系在一起，但现在这种游戏形式已经越来越多地作为一种实验艺术媒介被应用在对其他世界的探索中，主题涉及难民营、监狱、艾滋病、无家可归者和性别角色。“祖国”（Motherland）这个真人角色扮演游戏就模拟了德国赢得二战后可能形成的历史。另一个来自瑞典的游戏的设定是假设一个虚拟女孩被绑架了。这个游戏使用了线上线下的元素，将电视剧《清道夫》[①]（Ray Donovan）和网络平台结合在一起，让玩家真实体验主人公清道夫寻找失踪女孩的惊险历程。

真人角色扮演游戏可以让玩家体验特别的情感体验，以别人的视角探索那些属于非主流文化的艺术和政治观点。玩家可以构建暂时的真实状态来进行探索和学习。事实上，玩家们称此为“输血”——你从游戏中感受到的或学到的东西会像输血一样输入你真正的生活。

火星模拟在某种程度上讲是一种扩展了的真人角色扮演游戏。如果宇航员们要做真实的自己，就必须假装自己生活在火星上，而要这样做到不打破整个模拟情境是很难的。要应对被关在相对狭小的空间中所产生的压力，一些宇航员会听他们青少年时

① 一部黑色家庭喜剧。——编者注

代的音乐或者打电动游戏，或者想象 4 个月的任务结束以后他们的度假计划。为了保持生活在火星的假象，弗缪仑创建了一个临时结构：宇航员们有一个时间表，有晨会和各种杂务。他还设法推进一系列的互动，这样宇航员们会感觉更像是在一个另类的大家庭中。

这些宇航员同时还是美国航空航天局科学家的研究对象。科学家们不仅对生活在太空中的食物策略感兴趣，也想知道那种孤立状态对宇航员们心理的影响。他们研究宇航员与外界的通讯，看交流中是否存在一些触发点，预示了某种心理倾向或幸福的状态。

但正如弗缪仑告诉我们的："我们并不真的知道航空航天局学到了什么或是得出了什么结论。"这个任务激起了很多媒体关注，反过来，这也让在火星上生活变得不那么虚无缥缈了。"如何喂饱你的宇航员并让他们保持健康这个问题触动了很多人，"弗缪仑说，"讨论食物问题让殖民外太空显得更现实了，而且看起来不是那么遥不可及了。"当然，说到底，这个实验只是一个触发器，而不是精密的实地考察。

作为一个有科学背景的艺术家，弗缪仑以艺术为探针，去探测可能的未来，比如太空殖民。他参与的另一个项目是设计星际飞船。这个项目被称为"探求者"（Seeker），它将志愿者们召集起来设计宇宙飞船的内部。这艘宇宙飞船被带到全球各地，每到一处，新的一群人就会重建它的内部以适应他们自己的需求或是试验不同的建筑材料。和火星模拟一样，弗缪仑还在这些假的宇宙飞船内启动了他自己的"隔离任务"，以期让人们了解住在自己建造的东西里是怎样的一种感受。在卢布尔雅那[①]（Ljubljana）（斯洛文尼亚共和国首都）的现代艺术博物馆，弗缪仑和其他5名志愿者住在星际飞船里4天。在那里，他们探讨星际穿越，同时体验了住在自己设计的飞船里的感觉。

"探求者"是一个社群设计艺术项目，让人们体验和重新构想人类居住的未来。弗缪仑承认他对设计星际飞船的嗜好部分来源于科幻小说和在《太空堡垒卡拉狄加》[②]（*Battlestar Galactica*）这类电影中看到的宇宙建筑。"在探索研究可能性的不止是工程师，也有艺术家。"弗缪仑生物学的背景也让他能为星际飞船构建仿生态结构和系统的建造模型。他的艺术结合了生物学和计算机模拟来生成推断型设计方案。"就是这种类似混血的特性，作为一名艺术家和研究员——或者说以艺术为工具的研究员——是我工作的驱动力。"

※　　　※　　　※

使用艺术来推动大众对于太空的想象力并不是什么新鲜事。早在1835年，埃德加·艾伦·坡就写了一个小故事叫《汉斯·普法尔历险记》（*The Unparalleled Adventures of One Hans Pfaall*），讲的是一个人乘着热气球去月球旅行的故事。

这是艾伦·坡写的比较不为人知的一个故事，没有引起太大的注意。他因此很不满意，就戴上了骗子的帽子，在《纽约太阳

① 斯洛文尼亚共和国的首都和政治、文化中心。——编者注
② 美国科幻迷你电视系列剧。——编者注

报》（*The New York Sun*，一份政治倾向保守的报纸）上发表了一篇虚构的新闻稿，是关于一个仅用了 3 天就搭乘热气球横穿大西洋的男人的故事。这则新闻后来因被揭露是个恶作剧而被撤回。但在这之前，该新闻稿所记叙的故事相当受欢迎。艾伦·坡详细描述了推进装置的机械构造，并且用他诡诈的惊吓手法，激发了大众的想象力。

艾伦·坡的故事之后影响了儒勒·凡尔纳的小说《从地球到月球》（*From the Earth to the Moon*）（1865）。而这部小说继而影响了很多早期投身太空飞行的先驱。康斯坦丁·齐奥尔科夫斯基[①]（Konstantin Tsiolkovsky）就是其中一位。他原是一名俄国教师，被凡尔纳小说中有关太空飞行的数学计算深深吸引住了，竟证明了太空飞行是可能的！他准确地预言了燃料火箭将把人类送上太空，而且氧气将会是最强大的燃料。罗伯特·戈达德[②]（Robert Goddard）是另一位太空飞行先驱。他还是名少年的时候就因阅读凡尔纳的小说和 H·G· 威尔[③]的《世界大战》（*The War of the Worlds*）（1897）而深受影响。戈达德在 1926 年发射了世界上第一架液体燃料火箭，在宇宙飞行领域获得了超过 200 项专利。

在与美国航空航天局的喷气推进实验室工作的亚历山大·麦克唐纳（Alexander Macdonald）交谈以后，我们开始了解到科幻小说在激发有关太空飞行的科学想象上的影响。“很多在航空航天局工作的人都是因为受到了科幻小说的启发和驱动，才开始从事他们现在的工作。”麦克唐纳告诉我们，他的很多同事都参加

① 现代宇宙航行学的奠基人，被称为航天之父。——编者注
② 美国教授、物理学家和发明家,液体火箭的发明者。——编者注
③ 英国著名小说家，尤以科幻小说创作闻名于世。包括《时间机器》。——编者注

科幻小说社团，很多甚至写过科幻小说。“科幻小说家精通的是太空飞行更具有技术性的层面，因此在航空航天局科学家和科幻小说家之间有很多交流和灵感的流动。”麦克唐纳告诉我们科幻小说家有时候甚至会被邀请参加航空航天局的会议。

比如科幻小说家和博客写手科里·多克托罗（Cory Doctorow）就曾为“象形文字计划[①]”出版过一个短篇小说，“象形文字计划”是一个科幻小说平台。多克托罗写的是创客空间的硬件黑客和“火人[②]（Burning Man）”的信徒们制造3D打印机器人然后将它们送往月球的故事。随着故事的发表，“象形文字计划”还在其网站上发起了一个和科学家的对话，讨论3D打印技术在月球上的可行性。“象形文字计划”是“红娘”类型的网站，目的旨在搭建科幻小说与现实之间的桥梁，它这样命名是因为某些科幻小说作品就好像“象形文字”或者说某个象征一样——比如艾萨克·阿西莫夫[③]（Isaac Asimov）（美国俄裔科学家和作家）的机器人——激活了工程师、企业家和科学家的想象，然后开始思考如何将这些创想变成现实。换言之，这个平台孕育了创新者们将科幻小说中的“象形文字”变为现实的渴望。

宇航员尼尔·阿姆斯特朗[④]（Neil Armstrong）完成阿波罗11号（Apollo 11）登月计划回来以后，在一次电视直播中先提到了凡尔纳的小说，而不是自己在太空的经历。要是没有爱伦·坡和

① 美国著名的赛伯朋克流科幻作家尼尔·史蒂芬森（Neal Stephenson）2011年创建的科幻小说平台，旨在激发科技改革。——编者注

② Burning Man是由一个名为“Black Rock City，LLC”的组织发起的反传统狂欢节，为期8天。——编者注

③ 美国著名科幻小说家、科普作家、文学评论家，美国科幻小说黄金时代的代表人物之一。——编者注

④ 第一个踏上月球的宇航员。——编者注

凡尔纳富有想象力地创造了飞向月球的可能性，阿姆斯特朗可能永远都不会真的登上月球。艺术作为一种强大的工具，以这种方式打开了我们对新的可能性的觉知。在埃德加·爱伦·坡的小说里，他描述了宇宙飞船是如何工作的；弗缪仑则让我们看到在火星殖民地或是星际飞船上的生活是怎么样的——作家和艺术家为我们打开科学探索之门。他们是大众想象力的挑战者，他们造成的影响可能很难追踪和分析，但也是不容置疑的。

※ ※ ※

在西德克萨斯（Western Texas）的一座山里，一群艺术家和工程师正用不锈钢和钛打造一座可以运行一万年的钟。这座钟有几百英尺高，将滴答作响一万年，差不多就是人类现存文明的时间长度。

亚历山大·罗斯（Alexander Rose）是这项壮举的“项目经理”。他在索萨利托[1]（Sausalito）小镇的一个垃圾场长大，在那里他发展出了对修修补补的热情。他告诉我们，造这座钟的目的是“创造一个代表长远思考的符号，以启迪我们以长远的眼光来解决问题”。当时，罗斯觉得人们处理很多问题的时候，总是在寻找那些几年内就会见效的方法。“但我们面对的很多问题——从气候变化到环境奔溃——都不是一夜之间造成的问题，因此也不可能是短短几年就能解决的问题。”罗斯说。

制造这座钟当然是一个工程学的大挑战，但罗斯更关心的

① 是旧金山湾区最古老的社区之一，堪称一处历史遗迹。——编者注

不是工程学，而是秉承艺术和戏剧的精神将这个项目作为一种挑衅，去刺激人们挑战他们根深蒂固的时间观念。“我们尝试改变人们已有的想法。我们正在设计一种人们能够体验并且受到感染的经历，就像戏剧一样。”打造这座钟是为了抓住人们的注意力，它巨大的体量就是策略的一部分。罗斯告诉我们这座钟一定要能直击人心，这样才能让人们把故事听下去。“新的神话正在被创造，”他说，“人们正被赋予新的任务，那就是在一个更长的时间维度内去思考问题。”

这座万年钟向我们展示了短期思考方式是如何被误导或打破的，它要求我们改变自己对时间的假设。这个挑衅实验的本质就是其完全重新定义对时间的假设的能力，无视现存的思维模式的能力，还有当别人说“我们一直都这么做”的时候不为之动摇。记住，在挑衅的时候，我们不能惧怕说出“为什么”这三个字。

在思考如何以及为何要挑衅的时候，记住以下这点很重要：挑衅不一定能在此时此地直接导向因果变化。当你在挑衅的时候，你不一定能得到一个特定的结果。你只是在表明自己的立场，但你不总是知道结果。

来个大搅拌吧！

拉·芭比（La Barbe，法语意为“胡子”）是法国一个女权组织。它的活动家们贴上假胡子，在那些由男性主导的事件中搅局，以此来谴责当下女性的话语权缺失。拉·芭比最初受到了“游击队女孩”（Guerilla Girls）的启发。“游击队女孩”是一个以纽约为大本营的女权组织，成员都是艺术家，1985 年戴着大猩猩面具抗议在现代艺术博物馆[①]（MOMA）缺少女性作品。2008年3月，国际妇女权益节(International Day of Women's Rights)当天，在拉·芭比的首轮公共活动中，这支团队出现在巴黎，将假胡子粘到共和国广场(Republic Square)的雕像上，自此，她们还参与了另外150—200个活动。拉·芭比已经激起了很多男性团体的回应——从政治会议到商业董事局会议都有，其中最有名的一次是在戛纳电影节(Cannes Film Festival)期间。

2012年5月12号，《世界报》（*Le Monde*）报道了由拉·芭比倡议的论坛，标题是“在戛纳，女人展示她们的电影胶片，而男人才能展示他们的电影”。女演员范妮·科滕肯（Fanny Cottençon），作家弗吉尼娅·德彭特（Virginia Despentes）以及导演柯琳娜·赛罗（Coline Serreau）都在这篇文章上签了名。文章是关于第65届戛纳电影节官方选中的22部电影的，这22部电影的导演是……22个男人！这篇文章在电影节开幕式几天前发表，其内容被国际媒体纷纷转载并在美国激起了一次请愿，一些著名的女权运动家以及电影行业的女同胞们都在请愿书上签了名。

拉·芭比是一个完全权力分散的组织，没有任何领导人或是发言人。她们上传到YouTube上的抗议视频录像很多都是以老派的电影形式拍摄的，模仿默片时代的无声电影，就好像她们破坏的还是那个男性主宰一切更容易被接受的19世纪或20世纪初的世界。她们常常采以反讽的方式，比如“祝贺”男人创造了这个系统，并告诉他们女人们是多么“以他们为傲”。

---

① 位于纽约市的曼哈顿中城的博物馆，也是世界上最杰出的现代艺术收藏之一；简称为MOMA。——编者注

拉·芭比的活动家艾丽斯·科芬（Alice Coffin）讲述了发生在一次游行示威活动中的事情："一开始他们很疑惑。他们不知道我们是女人还是男人。他们一瞬间有点恐慌，感到自己正在失去对环境的控制。"科芬告诉我们她接收到的回应多种多样："有时候男人显得很有攻击性，或是做一些性别歧视的评论，或者叫你小丑。他们叫来保安，然后把你拖出去。"科芬有一次在英式橄榄球联盟（Rugby Federation）抗议后就被锁在了一个柜子里。

身为拉·芭比的一员让科芬和她的很多活动家伙伴们更加自信地站出来表达自己的意见。"它使你坚强，"她告诉我们，"你不再害怕发声。"她们造成了什么影响呢？"现在我们有力量让记者们作出反应了，"科芬说，"我们可以让媒体报道那些缺乏性别多样性的重要事件。"有时候拉·芭比能触发她们参与的一些活动的组织内部的讨论。"我们收到了来自一些机构内部人员的邮件，感谢我们敢于站出来说话。"拉·芭比甚至受到这些机构的邀请，就性别问题给予一些建议。但科芬告诉我们这并不是她们的专职。"我们不是专家或者顾问，提供建议并不是我们的职责，我们坚持扮演活动家的角色。"

※　※　※

另一个活动家团体"好好先生"（Yes Man）也使用与拉·芭比类似的挑衅方式。本着即兴创作的精神，"好好先生"是由活动家安迪·比奇鲍姆（Andy Bichbaum）和迈克·博南诺（Mike Boranno）以虚拟人物雅克·塞尔万（Jacanes Servin）和伊戈尔·瓦莫斯（Iqor Vamos）创建的。他们期待揭露社会问题背后的真相。

我们和安迪·比奇鲍姆探讨了挑衅会遇到的困难。他说："很难说清我们到底做了什么来改变事物。但我们的行动能创造新的语境，在这种语境下人们就能做出一些事情了。"像拉·芭比一样，"好好先生"撬动事物的杠杆主要也是吸引媒体的注意。"我们给记者们提供一些借口（一般是以笑话的形式），好让他们可以由此来报道重要的事情。"

比奇鲍姆告诉我们问题是"这些主流记者想报道有趣的事情，但他们被困在体制内，因此只能报道'重要'的事情"。

对恶作剧的爱好一直都存在于比奇鲍姆的DNA中，但直到差不多30岁，他才找到发挥的途径：成为一名活动家。他做的首次恶作剧是在一家电脑游戏公司，当时他是该公司的一名计算机程序员，正参与制作一款叫作"虚拟直升机"的游戏，他把接吻的男孩们放进了游戏里。"我这样做是因为工作不顺心。我知道会发生一些事情，只是不知道是什么事情。"游戏上线以后变成了一个媒体大事件，而比奇鲍姆很喜欢这种关注。他想继续搞一些破坏公司的事情，就建了一个假网站，在这里心怀不满的员工可以以众筹的方式来破坏他们的公司。

建立一个假的金融网站只是第一步。接下来，比奇鲍姆和博南诺创办了"好好先生"这个公共关系机构，来组织"反文化恶作剧行动"。"好好先生"第一次真正的成功是在2000年建了一个恶作剧网站，以"修正"世贸组织有关关税和贸易的网站（http：//www.gatt.org/）。他们在恶作剧网站上增加了以下内容：

在沃顿商学院（Wharton Business School）于11月11号星期六召开的有关非洲商贸的会议上，世贸组织宣布了一种大大改善了的新奴役形式。这是为非洲一些地区设计的，这些地区已经因为500年的自由贸易而满目疮痍。

这个恶作剧的结果是，有人真的请求比奇鲍姆和博南诺代表世贸组织进行演讲——而他们也以世贸组织代表的身份进行了回应。这出恶作剧获得了国际关注，也就给了“好好先生”一个平台。

这次世贸组织恶作剧成功以后，他们接着又上演了一系列幽默的讽刺闹剧，并在 Yes Lab 这个活动家的孵化器上分享了他们的即兴表演。

但比奇鲍姆还是很小心地不夸大“好好先生”所作恶作剧的影响力。“我们吸引媒体的注意力，但我们只说话而不改变事物。我们只帮助制造压力和引起兴趣。”

那么，我们从挑衅者身上能学到什么呢？“拉·芭比”和“好好先生”告诉我们在观念和目标上不要妥协。挑衅者不怕挑战权威和固化的思维模式。对于我们大多数人来说，都可以成为“神话终结者”，从而把勇于挑衅的精神传播下去。我们可以通过揭示常规思维方式是怎样被误导或者被破坏的，来动摇那些需要改变的企业组织。但对很多人来说，做一名成功的挑衅者意味着优雅得体地挑衅，知道发起对话的合适时间点。

为什么不能一贯如此？

对历史文化的挑衅行为之一是有关节日的。2014年夏天，汤姆·肯宁（Tom Kenning）决定参加所有他能参加的英国和欧洲大陆的节日活动，以此提出一个问题："为什么我们不能一贯如此（每天都像过节一样）呢？"或者说，我们要怎样让节日气氛感染我们每一天的生活？

历史上，人们举行节日来庆祝丰收和宗教庆典，这些神圣的活动让人们暂时远离生活的艰辛。今天的节日有大型音乐节如科切拉（Coachella）音乐节和格拉斯顿伯里（Glastonbury）音乐节，实验性的节日也越来越多，如英格兰的秘密花园派对[①]（Secret Garden Party），瑞典的边境节（Borderland），还有内华达州黑岩城的火人节（Burning Man）。

肯宁告诉我们，他感兴趣的是如何把节日文化的良好祝愿"带出节日的范畴，带入工作生活中，以对抗单调和孤独"。

肯宁发现，对很多人来说，节日提供了逃避自我意识的途径。爱参加节日的人能从节日活动中感受到团结和与别人的联系。节日创造了很多机会，让自发行为和完全的感官体验成为可能。音乐、舞蹈和演出带来了更大的生活体会，这在办公室里是找不到的。但除了激发你与陌生人交谈的欲望，以及让你有体验自由的回忆，很多节日气氛一到节日结束就烟消云散了。

"晨光"（Morning Glory）是一支致力于将节日气氛带入每日无聊的城市生活的团队。它于 2013 年 5 月在伦敦成立，向那些希望以跳舞、沙冰和"唤醒式按摩"开始一天的人提供无酒精的清晨派对。这个派对早上 6:30 开始，一般进行到 10:30 左右。自从"晨光"开始挑衅每日通勤的职员，反抗典型的早上行程开

① 简称SGP，在英格兰的Abbots Ripton小村庄里每年举行一次。——编者注

始，这个活动已经在全世界 14 个城市成为一项定期活动。

“晨光”已经收到来自全球各地几百封信件，来信者都希望把清晨派对带到他们的城市。“晨光”考虑将他们的模式以特许经营的方式进行扩张。他们在全球招募“晨光代理人”和制造商。每个“晨光代理人”都要接受面试或者“灵性检测”，不仅仅要看他们的热情，也要看他们在制造、营销和公共关系方面的技能。每个代理人还会得到一本“晨光指南”，这本厚厚的册子详细地列出了“晨光”的原则、价值观、业务和指导方针。相应的，连锁机构需要一次性支付执照费用约 1000 美金，还有一笔很小的年费。

现在，“晨光”在全球 14 个城市开展活动，包括巴塞罗那、纽约、伦敦、东京、班加罗尔[①]和墨尔本。我们问纽约的负责人安妮·法布里坎特（Annie Fabricant），为什么认为“晨光”会流行起来，它是如何影响人们的。“要把清晨排队设想成生活的一种改变好像有点好笑，但事实就是如此。人们离开排队的时候总是兴奋不已，又重新点燃了对人性的信念。在这里，不依赖酒精和迷药，体能和爱也能暴涨。人们的生活变得更有意义了。”

很多节日文化的持续影响力很不可靠——拥有想象并踏入一个与平日生活极其不同的世界的能力是每个挑衅行动的任务。节日和科幻小说中的宇宙飞船并不是那么天差地别，两者都向我们提供了一个临时的世界，我们可以在这个世界里重构现实，并帮助我们更好地去想象。

① 印度南部城市。——编者注

※ ※ ※

20世纪90年代初，法兰德（Farrand）才16岁，他和他的朋友们经常在英国各地参加地下派对。他记得有次他开着一辆改装过的福特全顺，他的一个朋友搞到了一个匿名电话号码。人们拨通这个电话以后，就会被告知去一个加油站。在加油站他们被带到一片空旷的场地，就在高速公路边上。第一次派对，只有300人到场，但5年以后，人数已经超过3万。

派对对于法兰德来说并不只是享乐主义的出口，同时还是在创造一种不同的文化。“我们有这种集体体验，”他说，“好像有人发起似的，当一个桶在人群中传递的时候，每个人都会向里边扔一点钱。这让人感觉自由，并且与一件重大的事情联系在一起，而且使得自发性组织成为可能。”

成年以后，法兰德仍然从事品牌和业务创新工作。18年间，宝洁公司（P&G）、WPP①、奥纬咨询公司②都曾是他的客户。2009年，法兰德成立了一个组织叫“一无是处”（Good for Nothing），让他能将自己在帮助品牌成长、管理创新过程以及参加派对的经历都融合进去。

“一无是处”将创新者们集合到一起，他们都是想通过“演出”的方式进行“思考、改变和实际行动”的人。24到48小时的弹出式活动的组织完全秉承非正式的精神。法兰德告诉我们：“我们任由能量释放，没有任何约束，允许人们自己组织，也欢

① 世界上最大的传播集团，总部位于英国伦敦。——编者注
② 全球领先的专注金融行业策略和风险管理的著名咨询公司。——编者注

迎创意和合作自然地产生。”

“一无是处”在全球25个城市活动着，他们的一些项目已经孵化出了成果，其中包括应对食物浪费、社区基础建设、设计一些活动来争取建造节省能源的房屋，等等。在一次会议中，“一无是处”号召所有与会者在傍晚五点到英国萨福克郡（Suffolk）一个随机的地点集合。然后一辆20世纪30年代的古旧巴士接上他们，把他们带到了一个营地。这个周末，他们会在这里想办法解决当地面临的一些由社区标定的挑战。和派对差不多，这会给人们带来潜心钻研的感觉，当然还有兴奋，以及不知道接下来会发生什么的紧张和期待。

向临时的虚幻致敬

挑衅的价值在于它能引起一场对话。一次抗议活动不会永远持续下去，一部科幻小说最多也就那么多页，一个恶作剧只在揭晓答案之前才令人屏息。但点燃对话的火花，提出了该问的问题，或者探索可能的替代方案的人常常为真正的改变铺平了道路。实况角色扮演或者火人节这样的文化创造了临时的世界，在这个世界里产生的观念会渗透到主流世界中去。我们可能不想时时刻刻都穿着节日盛装，也不想整天在沙漠中自给自足的经济中讨价还价，更不想被派单独执行一个虚拟火星任务，或者一个人在祖科蒂公园[1]抗议，但挑衅者创造的临时世界能够在我们的主流文化中激起对话，并且为改变和创新的发生创造了条件。

---

① 祖科蒂公园（Zuccotti Park），原名自由广场公园，2006年改称祖科蒂公园。2011年9月开始成为“占领华尔街”示威者的宿营地。——编者注

6
转 型

对于吉布·布洛克（Gib Bulloch）这个供职于埃森哲[①]（Accenture）的顾问来说，做志愿者与他毫不相干。直到某一天，他搭乘伦敦地铁的时候，在《金融时报》（*Financial Times*）上看到一篇关于海外专业人士志愿者工作机会的文章。

“我以为志愿者工作机会都是留给医生、护士和教师的，而不是像我这样的商务人士。”布洛克说。被文章触动以后，他提交了申请，结果在巴尔干半岛[②]（Balkans）待了一年，从事一项发展计划。布洛克并不是在经历中年危机，而且他对自己在埃森哲的职位也很满意，甚至他的经济状况也非常好。尽管如此，他还是想探索工作以外缺失的部分：他想知道，商业怎样可以对世

① 埃森哲（Accenture）是全球最大的管理咨询、信息技术和业务流程外包的跨国公司。——编者注

② 巴尔干半岛（Balkan）是一个历史和地理上的名词，用以描述欧洲的东南隅位于亚得里亚海和黑海之间的陆地，详细的范围依照定义不同有许多种说法。——编者注

界产生更积极的影响。

布洛克在马其顿地区[①]（Macedonia）待了十个月。他放弃了自己作为管理顾问的福利——高档酒店、商务舱、不错的薪水，来到一个被种族冲突毁坏的国家，面对的是普遍的贫困和失业状况。为了改善这种情况，他开始在商业援助中心工作，帮助小型和中型企业（SMES）提高他们的商业技能和规模。一段时间以后，布洛克意识到要是他有一个顾问团队与他一起工作的话，他的效率将大大提高。"我在巴尔干地区遇到的做开发的人中真的很缺商业人才。"

在严冬中，有"大把的时间用来思考，"他告诉我们他是怎么想的："为什么埃森哲不到这儿来？为什么管理顾问不来这样的地方工作？"

布洛克觉得他被市场经济失灵绊倒了。"作为一个顾问，我曾习惯于最佳方案、知识财富和知识管理所带来的好处。但做一名志愿者，我感觉到开发行业陈旧不堪而且支离破碎。"布洛克认为开发部门需要更专业的技能。

正当布洛克准备离开巴尔干，搭飞机回伦敦，回到他在埃森哲的工作的时候，却发现自己在希腊塞萨洛尼基[②]（Thessaloniki）的一家小咖啡馆里，开始起草一份有关埃森哲一项新业务的假新闻稿。布洛克告诉我们，文章描述了在埃森哲内部培育一个咨询公司的想法，他认为这会令开发工作专业化。

使用埃森哲的资源和员工打造的咨询业务将主要与非政府

① 马其顿地区包括从前南斯拉夫独立出来的马其顿共和国、希腊北部的马其顿地区，以及保加利亚的西南角。——编者注

② 希腊古城。——编者注

组织（NGO）和捐赠组织合作，只要能收支持平就可以了。换言之，就是在一家盈利机构内创造一项非营利业务。但要实现他的另类创想，布洛克需要找到途径引起上司的注意。他的恶作剧新闻稿只是诱饵而已。他假装这篇文章是埃森哲总裁（在文中被冠以骑士的头衔——当然是虚构的）在未来一届瑞士达沃斯[①]（Davos）世界经济论坛上发布的。这篇新闻稿的标题甚为大胆："管理咨询大佬发布决议，将对企业在社会上的地位产生深远影响"。新的咨询业务的目标是"最大化该咨询巨头的全球规模和业务容量，聚焦于最大的社会需求"。

回到伦敦以后，布洛克给埃森哲的英国区域总监看了这篇新闻稿。这位总监向来支持公司的志愿者活动，因此一直是布洛克的偶像。他将这篇假新闻稿呈递给了集团主席。主席表示很感兴趣，同意与布洛克共进早餐，同时商讨一下这个想法。

前去赴约的那个早晨，布洛克却一反常态醒得很晚。"这太可怕了，"他回忆说，"这可是我一生中最重要的会议，但我却在赴约前30分钟才醒来！"他直接从床上跳起来穿上西装，没来得及洗澡。最终他及时赶到了会议地点，但这个惊险经历直到现在想起来还让他后怕："如果我迟到了，那我的事业可能就要急转弯了。"

在早餐桌上，集团主席问了一些非常实际的问题。比如人们愿意拿着低工资工作吗？那里有市场吗？开发部是否需要我们的服务？

公司给布洛克一路绿灯来应对这些问题。他将公司内的一些

① 瑞士小镇，一年一度的世界经济论坛在这里举行。——编者注

志愿者组织起来，给这个商业计划加上血肉，并确定这类冒险活动是否有市场存在。“这是一种将想法付诸实际的游击战术，”布洛克说。这支队伍分析竞争对手在做什么，开发部的需求是什么，然后开始精细化业务模型。

然后，布洛克将团队的成果呈现给埃森哲的关键首脑，以确保可行性研究的经费。“我从管理合伙人那儿得到的最好的建议是，我必须让公司里管预算的那个人参与到我们的项目中来。‘追着那些恐惧的人跑吧，’他告诉我。”布洛克不希望自己建立的业务部门在公司格格不入，它必须是要植入公司的核心业务中去的。因此他开始追着那些掌控预算的人，还有那些可以把他的点子转变为埃森哲业务主要部分的人。他锁定了五个人。一旦让其中三人上钩，其他两个人就很容易入伙了。“在一个正规企业内做好一名另类人士绝对是门艺术，”他说，“你需要知道追踪政治风向标。”

集齐五人以后，布洛克和他的团队在埃森哲员工中作了一次调查，以确定他们是否愿意做开发咨询工作，以及是否愿意在降薪的情况下做。他们把调查结果和最后一次绩效考察联系起来，发现公司里表现较好的员工对这个开发咨询业务兴趣最高。也就是说，公司想吸引并留住的人对这个提议感兴趣。“这真的为我们加足了火力。我们可以告诉人力资源部门：我们真的需要这样的新业务。”

2002 年，布洛克开始打造这项业务。他削减了自己的工资，在埃森哲内部成立了一个由高级领导组成的咨询委员会，来监管和指导这个初出茅庐的新部门。前三个试飞项目包括与国际发展部（DFID）达成合作伙伴关系——布洛克的团队曾在国际发展部工作，以提高亚洲的人道主义信息中心的反应能力——这个项目是在越南与非营利组织“国际关怀”（Care International）合作塑造当地员工的能力，另外在塞尔维亚①（Serbia）发展一个企业。

对布洛克来说，这项新业务让他可以一只脚留在公司，另一只脚则踏入那个他在巴尔干工作期间启迪过他的新世界。具备同时涉足两个领域的能力正是布洛克希望能在埃森哲催发出的新型混合领导力。“一方面，向员工提供传统职业的好处；另一方面，提供一能让他们将技能以不同的方式应用在更有意义的地方的机会。你能把这两方面结合在一起吗？”这看起来好像是可能的，但要在一个注重盈亏的公司里铺出这样一条混合道路是很有挑战性的。

首先，你是向外兜售这个提案，对方是一个可能并没有看到问题的发展部门——而这个发展部门必须断奶，停止接受公益性咨询和救济。然后，你要再将这个计划向内推销给一个习惯于高盈利并和传统企业客户打交道的公司。布洛克承认有时他是将埃森哲向商业利益的反方向推，但是对于公司来说这仍是个非常有价值的提案。布洛克正给企业带来新的技术和能力。

埃森哲的员工们在布洛克的部门为发展项目的工作接受特别培训。布洛克回忆说：“我们进行的第一次试验性训练，邀请了一位穿着牛仔裤和松垮T恤的另类人士。他曾在尼日利亚和柬埔寨的高压环境中工作过。这和埃森哲以往穿西装打领带用PPT交流的培训截然不同。”在这些培训课程中，布洛克尝试改变埃

① 为当时南斯拉夫的一个成员国。——编者注

森哲咨询人员的技能，让他们学会倾听和学习。除此之外，他们还要学会保护自己和提高应变能力。

现在，布洛克的咨询业务部门叫做埃森哲开发合作部（ADP）。这让埃森哲的员工在公司内非营利部门流转——几乎像休假一样——让他们有机会和开发领域的客户合作，项目从改善孟加拉国儿童营养不良状况到在乌干达建造可持续发展太阳能系统，效果十分可观。ADP团队已经在超过70个不同国家拥有合作伙伴，每年接手的项目多达200个。“我们从运营开始已经输送了价值5亿美元的服务，”布洛克解释道，“人们现在仍然会问我这是不是我的全职工作。不，虽然我们部门运行良好，我仍要负责公司的免疫系统，还是有不少人或者说陈规想要扼杀另类事物。”

在个人层面，布洛克仍然觉得自己有点儿另类。他承认说：“我们在所供职的公司多多少少会觉得孤独。任何企业组织的老板都是孤独的角色。”他略带同情地说。在非政府组织眼中，布洛克是“罪恶的私营企业来的人”；在自己公司里，他则是“那个做开发工作的怪人”。布洛克感慨地说：“我在哪儿都是个局外人。”布洛克说他从他的经历中学到了很多，特别是有关如何在大公司内培养小企业。“有一个另类的点子很容易，难的是为它获得领导层的保护，还需要企业内优秀员工的支持。”布洛克说，在庞大的官僚机构里，创新点子是很容易夭折的。“你不能用管理一个大公司的原则去管理一个新的小企业。”比如，埃森哲针对大型成熟商业市场的政策和风险管理程序在很多与埃森哲开发合作部有合作关系的发展中国家都不适用。

由于在新创小企业和他们的宿主之间常常会存在挑战和文化

冲突，因此前者通常能帮助后者的DNA进化。布洛克告诉我们他发现埃森哲的商业营利业务部门向开发合作部寻求技术和专业知识支持的需求有增长的趋势。这些技术和专业知识是关于新兴市场、金字塔底部的活力和可持续发展。布洛克解释说："我们不断被要求担当商业客户报价和建议的专家，因为区别可能是非常微小的。"

布洛克从巴尔干半岛回来已经15年了。他仍在努力让ADP融入埃森哲的血液中。"每一天，我都在挑战一个观念，那就是一个公司的唯一目的是为股东赚钱。"

回忆他的旅程，布洛克说："你向前迈了一小步，进入了未知的世界，然后就变成了一步一步不断向前的过程。"他用爬山来比喻这个过程："当你爬得越来越高的时候，你看到的也就越来越多，也就知道你还必须要走多远。当你在山谷的时候，你只是想爬上一个高峰；当你攀上这个高峰以后，发现它只是一座更大的山的山脚而已。"

把自己扔进一个未知且不舒服的环境，应对那些被认为是业务范畴以外的事情，布洛克坚信他能将自己的顿悟带回公司。他相信管理咨询这个业务存在的必要性，因此让他能围绕这个"混血"业务开拓出一片新天地。而且布洛克在巴尔干半岛的经历现在也成了其他埃森哲咨询顾问可以分享的财富。

个人支点

创新的传统定义是发生在我们意料之外的事物：我们反复讲述的创新故事无非是福特制造了汽车，爱迪生发明了灯泡，还有乔布斯研发了 iPhone。

但什么是内在创新呢？身份转变又是什么？自我引导的创新实践活动呢？我们要怎样把我们想到的和我们必需的东西联系起来？还有我们如何鼓起勇气让自己转向新的方向？

在商业世界里谈论和企业有关的创业支点或战略支点很常见。但当我们思考“支点”这个词在另类经济领域中的意思的时候，指的应该是个人支点——在人生历程中为了追求更大的成就和灵感而导致戏剧性转变的经历，就像吉布·布洛克在巴尔干做志愿者以后做的那样。

“转型”意味着有勇气走上新的路，即使内心仍有疑惑，即使受到社会压力，以及来自企业内部的阻力，或者来自社区的反对。它需要你有完全转变自我认识的强大意愿，需要你能坚定地踏入未知世界，不管确定与否。就好像梦游仙境的爱丽丝（Alice）或是绿野仙踪的多萝西（Dorothy），“转型”可能意味着踏上未知的旅程，期待的不是完美的终点，而是一次能提升自我的冒险。

试图扭转一个街头黑帮

安东尼奥·费尔南德斯（Antonio Fernandez）和很多拉丁裔美国人一样，在成长的过程中常常感觉受到种族歧视。三年级的时候，他的老师叫他“spic”(美国俚语中意思是美籍西班牙人，贬义)，就在那一刻他心中滋生了对“任何蓝眼睛白皮肤的人及其政府”的仇恨。从那时起，这个小男孩就想确保自己不再遭受这样的羞辱。那一年，同一位老师指导他“冥想——看看你想成为怎样的人，你的美梦会成真的”。当他闭上双眼，视野逐渐变得清晰：他想成为一名毒贩。

29岁的时候，安东尼奥·费尔南德斯已经超越了儿时的梦想，继承了“King Tone”（音王）的名字，成为全能的拉丁王之国（ALKN）的领导者，也就是“拉丁王”组织在纽约分部的头目。“拉丁王”是一个以“另类”为原则建立的组织，20世纪40年代发源于芝加哥，最初是波多黎各人（Puerto Rican）组织的社会团体，以对抗白人邻居的偏见和种族歧视。那时候拉丁人只能做移民层次的工作，之后有所改善，但也只是工厂工作，因此“拉丁王”的目标是重塑拉丁人的自豪感和身份认同。由此可见，一开始这个团体的成员只是一些因才能不被社会认可，且被视为低等公民被迫转入地下的人。

“拉丁王”最初全由波多黎各人组成，后来逐渐开始代表更庞大的拉美人群体，吸引了很多来自美国中部和南部的成员加入。但是到70年代，“拉丁王”已然没落，其曾经社会组织的外壳已经褪去。用商业术语来说，“拉丁王”经历了巨大的“任务变迁”，它由一个社会组织转变成了一个犯罪组织。

当费尔南德斯“音王”掌权的时候，“拉丁王”正从致命的不稳定状态中恢复。这个“拉丁王国”的快速成长同时也带来了组织上的混乱。费尔南德斯的前任“血王”（King Blood）就曾下令谋杀了1名违抗他命令从而威胁到他统治的拉丁王国成员。这个命令之后导致了7位拉丁王被杀，因为这些罪行，血王最后被判处终身单独监禁。

从血王手中接过“拉丁王”的领导权后，费尔南德斯进行了一次里程碑式的转型：他认为他的使命是（儿时成为毒贩的白日梦以离他远去）将“拉丁王”从一个“最危险的街头帮派”转变成为有变革性公民议程的组织。这在费尔南德斯脑中是有先例可循的。“帮派是和纽约市一起诞生的。意大利人，爱尔兰人，还有犹太人，他们先瓜分了城市，然后变成了政治家、消防队员和律师。”费尔南德斯认为“拉丁王”与这些种族群体不同的地方在于，这些种族群体得到进化的许可：“而作为新移民和拉美人，我们被剥夺了承受成长之痛的权利。”

※　　　※　　　※

费尔南德斯是在监狱里加冕“拉丁王”的。之前他因贩卖海洛因被捕，在假释期间又多次被捕。这次入狱，费尔南德斯对自己十分失望。“所有我以为我想要的东西（钱和尊敬）没有给我带来任何满足感。”但是“加冕以后，我感觉立刻不一样了，”他告诉我们，“我感到自己走上了一条不同的道路。”他在少年时期沉溺于可卡因，并且经营着很成功的贩毒业务，但在帮派中，费尔南德斯感到了一种约束力，他认为自己需要这种约束力来保持清醒和自律。“在被封王之后，我的信念变得坚定了，我不要再做瘾君子，有更重要的事情要我去做。”

同样是在监狱里，“音王”播下了转型的种子。在监禁期间，费尔南德斯开始对自己的人生目标有越来越清晰的认识。“我知道我不是个坏人。即便我伤害人，但我还是有道德原则的。我只是不知道怎样成为一个更好的人，怎样成就更多的事情。我不知道何去何从，不知道如何才能获得我一直想到的东西：那就是被人尊重，成为人们可以依靠的人，成为带来改变的人。我想领导这个帮派，就像我在做毒品买卖时一样。我想用我的天赋做一些好事。”

正是这种创造积极变化的渴望激发了“音王”的转型之举。然而，他知道要把一个帮派的名声从犯罪暴力集团扭转为有公民使命感的组织，并非易事。费尔南德斯希望“拉丁王”能被认可为社会活动组织，像“黑豹党①（Black Panthers）”和“伊斯兰民族组织②（Nation of Islam）”一样。

对于费尔南德斯来说，这是一次身份的转变，因为“拉丁王”一直贴着反抗组织的标签，他们需要重申组织的身份特性。费尔南德斯想向人们表明，最危险的街头帮派也有人性的一面。和企业一样，美国很多帮派已经变成哥利亚（圣经中被大卫杀死的巨人）式的组织。这些组织因其巨大的体型而分崩离析。“拉丁王”上一次扩张是在20世纪90年代，这次扩张导致了内部分化和冲突。如果是在企业里，这样的成长之痛的表现形式将是具有攻击性的消极邮件，裁员和令人沮丧的电话；而在街头帮派里，这种不稳定则表现为内部大清洗。被认为不够忠诚的“拉丁王”成员就被“血王”处决。

这个组织曾形成了军事思想统治的局面，因为在当时这是它生存的关键。但这已经无法适应现在的环境了。“拉丁王”的军事化管理体系是在纽约监狱里建立起来的，因为在监狱中，残忍

① 美国黑人社团，是美国有史以来第一个为少数民族和工人阶级解放战斗的组织之一。——编者注

② 宣扬黑人自力更生的组织。——编者注

对组织的起步至关重要。但出了监狱，成员们却无法进行调整。费尔南德斯说："环境变了，但很多成员没有在监狱外生存的技能。他们不适应城市生活，也无法适应雇佣工作，甚至无法在社会上与人和平共处。"这些另类人士永远都陷在被监禁和被释放的循环里，除非"拉丁王"整个组织作出改变。

费尔南德斯志在终结"统统杀光"的组织形象，但要把帮派转变成强大的公民运动组织需要成员本身源源不断地支持。费尔南德斯意识到这需要得到组织基层人员的支持，让各个区的代表成为这个新战略的宣传大使。

对费尔南德斯来说，将一个犯罪集团从地狱带回人间当然会遭到各种抵触，不仅有来自外界的，还有源于内部的，很多人都不看好"拉丁王"的改革，FBI 仍然将其视为离经叛道者，对社会和谐构成威胁。

而在"拉丁王"组织内部的人，也抵制变成更加面向公众的组织。一些帮派成员担心"拉丁王"会失去对其来说非常关键的秘密能量，担心费尔南德斯做的事情会带来错误的关注。"表明自己的身份从来就不是什么好事，"他告诉我们，"你最好还是在暗处活动。"

要"拉丁王"了解费尔南德斯关于社会劳役的观点，就必须让其成员走出帮派到社会上去。帮派成员在引导下走出去给人们食物，参加集会，或者为政治家站街。

费尔南德斯以这样的小实验开始构建他为"拉丁王"设计的新愿景，他尽量确保不从上向下强推这个新战略。他有关公民意识的实验源于"血王"时代组织内部的秘密社团——类似于某种内部特遣队。费尔南德斯掌权以后，想方设法将他们在特遣队时期发展出来的很多想法付诸实施。但这不像看起来那么简单。

费尔南德斯尽量确保他的新愿景能从基层分区传递到每个成员。为了保证考虑到每个分区的本土视角，他逐个进行拜访，还去参加听取了当地的头目会议。这让他能直接了解到人们的想法，而不用依赖层级上的沟通。费尔南德斯确保这些不同地区的问题和需求得到优先考虑。结果是，当他开始向这些“部落大使”（不同分区的领导者）寻求对执行新战略的支持的时候，得到了积极的回应。

为了改变他的前任那种自上而下、暴力恐怖的领导方式，费尔南德斯必须保证不发号施令，而是听取各个分区的观点。他能够倾听并且重视那些并列高层的成员的意见，因此当改变战略的关键时刻到来的时候，抗拒因素就少很多了。每个人都觉得他们了解费尔南德斯的想法的渊源。而对费尔南德斯来说，这个策略部分其实是自行推进的。在一个帮派中，如果你不说服每个人，那么终究有一个人会让你出局。“拉丁王”内部有这样一种文化：把曾经“血王”统治遗留下来的糟粕都清除掉。而这种文化提供了一个强大的动因，迫使费尔南德斯必须争取赢得支持。

他没有尝试获得一致认可——虽然这很重要，但他的确做到了倾听每个人的想法。

像几乎与所有其他试图做出改变的努力一样，对于费尔南德斯的战略，组织内部同样存在很多疑虑。“拉丁王”的一些成员觉得组织应该一分为二，其中一支保持军事化管理，另一支则打造成费尔南德斯提倡的民主理想模式。但费尔南德斯不想分裂组织。甚至有外部的政治组织者想联合他对“拉丁王”改头换面，将其完全政治化，把它与帮派性质的源头的联系完全切断。当费尔南德斯看到重新品牌化“拉丁王”的背后牵涉到的种种，感到这个组织已经发展了太久，走得太远，无法再进行分拆。

要保持组织的完整性，他觉得他应该帮助组织进化。费尔南德斯知道如果组织继续保持它的军事化运作方式，总有一天“拉丁王”会被政府连根拔起。向大多数 CEO 一样，他担心政府法规会把“拉丁王”驱逐出市场。他必须向组织注入新的精神力量。

费尔南德斯认为要对“拉丁王”进行再教育，重要的具体策略之一是就公民问题建立外部盟友。比如与“反警方暴力执法母亲团（Mothers Against Police Brutality）”结成联盟，引起大家对纽约警方滥用警力的关注。他们还与“伊斯兰民族组织（Nation of Islam）”，阿尔·夏普顿（Al Sharpton），以及杰西·杰克逊（Jesse Jackson）创立的虹盟[①]联手推进一项关于公民权利、社会公正和政治行动主义的议程。

费尔南德斯的目标是将“拉丁王”附着到其他组织上去。他希望“拉丁王”也向这些组织一样成长为有政治影响力的机构。里奇·佩雷斯（Richie Perez），是一位来自南布朗克斯区[②]（South Bronx）的老师，同时也是社会正义的倡议者。通过与他这样的人合作，“拉丁王”学会了如何参加非暴力抗议活动。如果“拉丁王”想更多地参与到政治集会中去，那么学习不合作主义的艺

① 少数帮派的联盟。——编者注

② 布朗克斯区（The Bronx）是纽约五个区中最北面的一个。——编者注

术是很重要的。

很多来自外界的声音，特别是FBI，指责“拉丁王”是“一个做公共关系运动的罪恶帮派”。[1]很多人觉得它新建立的公民意识只不过是犯罪活动的烟幕弹。

不过，费尔南德斯的努力不仅只是公关活动。在组织内，很多帮派成员都感觉到了变化。与我们交谈过的一个成员说，作为一个少年，他和其他年轻人一样与帮派中的成年人是隔开的。这种战略是新的，用以保护年轻成员不受老的军事主义的影响。

还有一位匿名前成员告诉我们，“费尔南德斯不希望我们养成任何坏习惯，”他笑着说，“他们尝试让我们远离不好的影响。”年轻的成员还必须遵守宵禁，还需要获得父母的同意才能加入帮派。在帮派中，他们也接受教育。他们定期上有关历史和公民权利的课，并学习如何在集会中表现得体。一方面，费尔南德斯知道他无法赢得那些习惯帮派生活的老成员的支持，也无法重新教育他们，但他可以把年轻人隔离起来，在下一代中培养不同的观念。

很多成员仍想继续贩毒，费尔南德斯虽阻止不了，但他能够改变帮派的一些观念和价值观。费尔南德斯知道他不可能让大多数年长的成员放弃犯法的生活方式，帮派也无力承担这样做的后果。但只要有年轻人，就有希望他们能找到合法的就业就会。费尔南德斯游说各个企业，鼓励他们聘用“拉丁王”的成员。他还邀请企业代表参加“拉丁王”的会议，这样他们就能直接看到他们组织的价值观，以及他们成熟的管理结构。正如费尔南德斯告诉我们的：“我认识的每个人都在做非法的事情，但我能帮他们找到合法的工作，然后他们就能转变了。”

但对费尔南德斯和很多“拉丁王”的成员来说，他们还没有成功。虽然他非常努力，但合法的赚钱机会还是来得不够快，“拉丁王”的成员仍在继续他们的犯罪活动，因为他们仰赖于贩卖毒品生活。1999年6月，费尔南德斯因密谋贩卖可卡因和海洛因被判处12年半的监禁。尽管没能在费尔南德斯身上找到毒品，但有一个录像显示他在大楼外进行毒品交易。很多人认为费尔南德斯成为警方的目标是因为他越来越多的政治活动，还有他反对警方暴力执法的立场。

被送进监狱以后，费尔南德斯被单独监禁了三年，不允许与任何“拉丁王”成员联系，也不能将任何信息送出监狱。他告诉我们，在这段被隔离的时期，他每天“早晨和晚上都花三小时提醒自己记住自己是谁，自己的价值观是什么。我会在牢房中踱步，自言自语”。这是一段压抑的不愉快的孤立时光，在这段时间里他与自己的理想和信念展开了角力。

出狱后，费尔南德斯除了重塑自己的身份和生活外别无选择。现在他已不再能称自己为“王”了，“拉丁王”的成员在街上看到他的时候也不再会向他行礼了。

但出狱以后，他可以花更多的时间和家人相处，也能积极地参与到孩子的成长中。他没有再回去贩毒，而是将他的领导能力运用在终结街头暴力的战斗中。现在他在新泽西州的纽瓦克市（Newark）工作，主要参与帮助那些被法院认定为“问题少年”的年轻人，以降低这个城市居高不下的犯罪率和谋杀率。2013年，纽瓦克市经历了25年来最血腥的一年，暴力死亡案件超过

100起[2]。费尔南德斯在街头的经历让他成为暴力及其动因方面的专家；他在监狱的经历又让他对自身及自己的目标和价值观有非常清晰的认识。将这两个世界的经验贯通，使得他现在能向社会提供有价值的服务。

“年轻人只想要三个东西，”他告诉我们，“分别是爱、物质和机会。如果你从他们那儿把这些夺走了，他们就会想办法去拿回来——可能就会走上歪门邪道。”

安东尼奥·费尔南德斯最终没能成功地将“拉丁王”转型成为一个合法的民事组织，但这并不减损他想要带来的变化的规模。与公民领袖的人接触以及了解很多纽约活动家的工作，触发了他自身的转变。就像吉布·布洛克的故事一样，我们自身的转变常常是由探索未知世界或联通不同世界的渴望所引发的。

把亚马逊带到纽约

泰勒·盖奇（Tyler Gage）曾是一名大有前途的足球运动员。18岁的时候，他被招募进入布朗大学（Brown University）的足球队，很可能就此挺进职业队。但他大学一年级的时候，他选修了一门叫“宗教的疯狂”的课程，这门课程改变了他的人生。他对神话和精神体验着了迷。“我觉得我一直困在西方的思维模式里。我出生在郊区一个十分现世的家庭，现在我想看看外面的世界。”

一时心血来潮，他联系了一位民族植物学家，在暑期志愿做他的助手——这位植物学家已经在厄瓜多尔的亚马逊河流域开展研究18年了。结果，这个暑假工作延长到了整整两年，盖奇因此放弃了他的职业运动员梦想，还把常春藤大学（Ivy

League School）抛在了脑后。和这位植物学家在哥斯达黎加（Costa Rica）结束工作以后，盖奇前往秘鲁，在丛林深处一个叫 Shipibo 的部落里待了 9 个月。“我只带了一个帐篷。一安顿下来，我就开始学习这个部落的语言和风俗。”他这样告诉我们。

就是在这里，盖奇开始学习更多土著精神以及部落对植物和自然的尊重。他参加土著仪式，学习村民们用来连接精神世界的吟唱。“这时候，我的认知边界开始坍塌，”盖奇说，“与超越你感知的力量交流让我无比兴奋。我遇到的这些土著有着极其高超的直觉力。”

经过这次在丛林生活的体验，盖奇开始感到以前他很在意的东西渐渐变得模糊，但他本身还没有任何精神顿悟。“这只是一个学习如何与不适的感觉，与迷失的感觉共处的过程。”盖奇说。

盖奇又花了一年时间在秘鲁漂泊，还在巴西与一些亚马逊流域的宗教团体待了一阵子。之后，盖奇调回了现实生活，心不甘情不愿地回布朗大学上学。大四前的暑假，他又回到了秘鲁，但这次他却听到了大树被锯子锯倒的声音。他说，“就是当初告诉我所有那些有关保护环境的传奇和自然的重要性的人，现在却在把树木一棵棵砍倒。”盖奇觉得这简直匪夷所思，但当他质问这些人的时候，这些人告诉他，他们只有两个选择，要么砍树，要么就没钱送孩子去学校或者得到紧急医疗救治。

那个夏天让盖奇有幻灭的感觉。最后一个学期，他修了一门创业课程，继而与朋友们发展出一个商业计划，围绕的创意是成立一个饮料公司，雇佣亚马逊地区的农民。他们的计划获得了良好的反响，也赢得了一些荣誉，但毕业以后盖奇仍然只把这个想法当成一个课业项目。

他获得了富布赖特资助[①]（Fullbright grant），在 Shipibo 部落学习民族语言学。他已经准备好回到秘鲁，但突然意识到“隐居起来，和这个部落生活在一起并不能真正对世界产生影响，”他告诉我们，“我内心觉得我需要启动这个公司，我的直觉告诉我这是对的。”他婉拒了富布赖特的资助，开始进行调查研究，准备以他之前构思的商业计划为基础创立一个公司。

盖奇的第一步是考察 Guayusa（发音为 / 'gwaiju:sə/）是否有市场。这是一种亚马逊“神奇的叶子”，像茶一样煮制，含有和咖啡相当的咖啡因，同时抗氧化素的含量是绿茶的两倍。虽然它具有独特的性能，但 Guayusa 从未被商业化批量生产过。按照传统，村民们早晨要饮用三杯 Guayusa。喝的时候，大伙儿会围火而坐，说故事，还有解梦。不过要将 Guayusa 的业务商业化，盖奇还需要学习很多有关这种植物的知识。比如，什么时候采摘树叶？如何干燥叶子？怎么出口？有没有进口的法规限制？

盖奇和他的商业伙伴，丹尼尔 · 麦康比（Daniel MacCombie），从厄瓜多尔政府获得了资金来进行这项研究，以确定如何生产和出口 Guayusa。挑战是他们必须从头建立起整条供应链，第一环是当地的 Guayusa 生产者。当他们开始和亚马逊地区的土著探讨关于生产 Guayusa 并把它以瓶装饮料形式卖到纽约去的时候，盖奇觉得土著们并不当真。“这些土著社群被歧视太久了，以至于当两个年轻白人告诉他们会有几百万的人想喝他们的饮料的时

① 美国政府设置的教育资助金。旨在通过教育和文化交流增进美国人民和各国人民之间的相互了解。——编者注

候，他们觉得我们肯定是疯了。”

但渐渐地，人们开始参与进来，盖奇他们与村子里的长者以及当地的林业工程师合作。这些林业工程师接受过专业训练，盖奇可以依靠他们在丛林里实现生产。2010年，他们开始以RUNA公司（非营利性组织）的名义出口Guayusa。最初三年，盖奇和麦康比承受着很大的经济压力。盖奇穷到有一天在他准备出发飞回家时，却发现没钱支付去厄瓜多尔机场的10美元出租车费。他不得不到机场的停车场把他的耳机卖给了一个少年，才付清了车费。但他们坚持下来了，因为他们坚信只要他们“持续地转动车轮，他们期待的事情总会发生的”。

今天，RUNA进驻了全美7000家商店。它从超过3000个厄瓜多尔土著农民家庭收购差不多100万磅的新鲜Guayusa叶子。公司光在收购Guayusa上就要花费超过35万美金，另外每年还要通过一个公平贸易社保基金（Fair Trade Social Premium Fund）投资5万美金用于亚马逊地区的社区发展项目。RUNA在发展顾客群上也十分成功。就连里克·鲁宾（Rick Rubin）（哥伦比亚唱片公司音乐总监）这样的大腕儿也在亚马逊网上订购这种饮料，喷火战机乐队（Foo Fighters）甚至是它的粉丝，还有查宁·塔图姆[①]（Channing Tatum）是公司的投资人兼形象大使。

如果我们退远一点，就能看到一个年轻人从迷失在亚马逊走向开创一个很棒的公司的历程。他能在这个兔子洞经历和真实世界间搭起桥梁。现在，盖奇为了业务穿梭在纽约和厄瓜多尔之间。他告诉我们他“与土著精神的联系和对其的专注前所未有的

① 美国影视演员。——编者注

强”，这已经变成了他生活的很大一部分。但同时，他也每天花15个小时盯着Excel表格，为他的销售团队做物流安排。

盖奇常常去厄瓜多尔参加土著仪式，重新与丛林联通；但他也全心经营公司。盖奇的转型是独特的，因为他找到了一条途径，通过自己的公司，利用美国家乡的资源和网络来支持他所熟知并热爱着的亚马逊世界。这种两个世界的联通在RUNA的顾问团身上十分明显——顾问团的其中一位曾是百事可乐（PepsiCo）的全球物流总监，还有济科椰子水（ZICO Coconut Water）的创始人，当然也有土著长者们。

挣脱条条框框吧

吉布·布洛克在马其顿的经历，或者是泰勒·盖奇在亚马逊的冒险告诉我们，将自己从现实生活中抽离一段时间可能会激发创造力和思考，因为你能借机更深入地了解自己。“隐士时间”被越来越多的年轻企业家重视，这些企业家通过完全跳脱常规来寻找灵感——至少是短时间的。“数字排毒（Digital Detox）”周末和隐居已经变得很寻常，在那里人们可以抛开科技，获得思考的空间。米歇尔·巴赫曼（Michel Bachmann），在巴厘岛经营一家为企业家提供“减速生活”的公司。他告诉我们：“人们追求的是在嘈杂中创造一个空间，将你的精力重新聚集到真正重要的事情上。我们被持续不断的主流信息搞得心烦意乱不知所措，以至于我们丧失了感知真实的能力。”

旧金山的一位企业家，利瓦伊·费利克斯（Levi Felix），也因这个成长的市场而获益。费利克斯经营面向企业家的“数字解毒”，同时也运营一个为成年人设计的夏令营叫“露营地（Camp Grounded）”。这个夏令营位于加利福尼亚州的红杉林，在这里人们不能使用智能手机，甚至要把电源板拆掉。

但这种尝试早已不是什么新鲜事儿。减速体验——把你自己带离社会——是让你重新连接自我的方式，也是人类把玩了很久的“玩具”。正如神学家亨利·卢文（Henri Nouwen）观察到的，“独处是转变的熔炉”。就是在独处中，另类人士亨利·梭罗[①]（Henry Thoreau）进行了他著名的自恃实验：在两年多一点的时间里，他住在与外界相对隔离的瓦尔登湖。在这里，他写下了以下句子：“如果一个人不和他的同伴们步调一致，可能是因为他听的是不同的鼓点声。让他走入他所听到的乐曲世界吧，不管是远是近。”

被梭罗浪漫化了的“隐士的直觉”开始越来越多地渗透到创业历程中。当然隐士式的生活方式并不是对每个人都合适或有吸引力，但在你的愿景正在形成的开发初期，远离负面障碍和唱反调的人，不啻为一份礼物。独处提供了一个培育愿景的空间，让你可以转身远离你已知的或者你认为你知道的东西。有时候逃离社会的压力，逃离科技的哔哔噪声，强行将自己从每日“做”的事情中剥离出来，我们才能思考，才能将自己和更远大的目标重新连接起来。

我们在旧金山遇到的一位企业家扎克·威尔丁（Zach Verdin）就是这样做的。威尔丁和另外两位联合创始人住在远离西雅图海

① 美国著名作家、自然主义者、改革家和哲学家。《瓦尔登湖》作者。——编者注

岸的一个偏僻小岛上。他们负责照顾1只猫和13只鸡，作为与当地人的交换，这个团队得到一个容身之处，以及培育他们互联网事业的空间。“我们从未讨论过创业的问题。我们只是在执行一次把世界和网络变得更好的任务。”威尔丁说。结果，他们建立起了一个叫做“新蜂巢”（New Hive）的平台，为自我表达提供“空白的画布”。“新蜂巢”上的内容从数字艺术书籍到花哨的GIF动图，从诗歌到个人自白不等。和其他微出版网站如Tumblr①和Medium②不同，“新蜂巢”向用户提供一个完全空白的页面来随心所欲地表达。用户可以将文本、音频、视频和图片混搭起来。这个网站仍处于初级阶段，还不确定能否成功，但它的故事告诉我们，超离社会之外生活一段时间有时候能激活你的创造力，拓宽你的创业视野。

“独处让我们有时间和空间来探讨我们看世界的不同方式，不受影响地完成很多工作，在大自然中长时间散步的时候还能进行冥想和头脑风暴。”威尔丁分享说。正因他们脱离了条条框框的束缚，他们的网站才能如此真实和高质。当一些初创企业只想着通过下一个社交网站热潮赚钱或是打造一款能短期获利的App时，“新蜂巢”却希望它有灵魂。“我们正尝试在网络上开创一片天地，在这里互联网可以是真正奇特的。”威尔丁这样告诉我们。

※ ※ ※

① Tumblr（中文名：汤博乐）成立于2007年，是目前全球最大的轻博客网站，也是轻博客网站的始祖。——编者注

② Medium是一个全新的轻量级内容发行平台，允许单一用户或多人协作，将自己创作的内容以主题的形式结集为专辑，分享给用户进行消费和阅读。——编者注

并不只有想成为隐士的人和有抱负的企业家才有想要逃离社会的冲动。有时候把所有事情放在一边，你会被迫激烈地重塑自己。你可能会发现一个隐藏的天赋，新的激情事迹已删——这会出现在我们的下一个另类人士故事里。

从哈佛大学博士到外星人绑架事件专家 3

约翰·E·麦克博士（Dr. John E. Mack）在纽约长大，那还是20世纪30年代到40年代的时候。他求学于奥博林学院（Oberlin College），并于1955年在哈佛医学院获得了博士学位。作为一名受过训练的精神分析学家，麦克在刚开始工作的几年里，研究儿童发展和自我认知形成的专题。他在哈佛大学任教超过30年，并于1977年因为一本研究T·E·劳伦斯①（T.E. Lawrence）的书——《乱世王子》（*A Prince of Our Disorder*）而获得普利策奖②（Pulitzer Prize）。麦克在他的研究领域广受赞誉，以至于80年代他获得了访问一些关键政治人物的机会以更好地研究冷战的根源。作为知名的临床医生，他还参与成立了剑桥医院的精神科，这家医院是哈佛大学的附属医学院。

在他的整个职业生涯中，由于他的专业领域，麦克一直对特殊人群很感兴趣。但到了80年代后期，他的研究不仅让他的事业陷入了危机，也让他的很多朋友离他而去。因为他开始研究外星人绑架事件。

---

① 托马斯·爱德华·劳伦斯（Thomas Edward Lawrence），也称“阿拉伯的劳伦斯”（Lawrence of Arabia），是一位英国军官，因在1916年至1918年的阿拉伯起义中作为英国联络官的角色而出名。——编者注

② 也称为普利策新闻奖，美国新闻界的一项最高荣誉奖，现已成为成为全球性的一个奖项。——编者注

一开始获知外星人绑架现象的时候，麦克只是很好奇（他回忆当时他认为那些声称自己遭遇过外星人的人一定是疯了）。不过，他还是开始在家对这些人进行催眠回归分析。结果，他接触越多这些病人，就越感到他们并非精神有问题。

1994年，麦克告诉一个采访者："我觉得这是个真正的谜，我们应该从说'我不知道'中学到点什么。"[4]

这是另类转型的一个特征：你无法对未知的东西视而不见。你的好奇心迫使你踏上征途，即使在这条路上你无法找到所有答案。忠实于另类形式，麦克一头扎了进去。

调研旅程最具有说服力的一次是麦克和他的队伍探访津巴布韦鲁瓦镇①（Ruwa, Zimbabwe）的一个乡村学校。这个地方在1994年的时候曾有关于U F O的电视及大众媒体报道。在一所叫阿里尔（Ariel School）的学校里，有62名年龄在8到12岁间的学生称在一天早晨的休息时间看见了U F O。麦克的团队在探访这个学校的时候，孩子们向他们重述了看到宇宙飞船及大眼睛生物的经历。[5]

麦克的前研究助理多米尼克·加利马诺普勒斯（Dominique Callimanopulos）告诉我们："我曾跟随麦克研究外星人绑架事件，但我一直心存疑虑。但当我听到那些（来自津巴布韦）的孩子的叙述时，我知道他们说的是真的。他们所描述的东西不是他们编造出来的。我自己也有小孩，我知道孩子撒谎的时候是怎么样的。这些孩子没有撒谎。"

从20世纪90年代初期开始，麦克和他的队伍总共采访了来自不同年龄阶段和背景的几百号人，这些人都声称被绑架过。麦

① 津巴布韦马绍纳兰省一城镇。——编者注

克没有将这些人的经历贴上类似“XX 紊乱综合征”的标签，而是力争说，作为社会一员，调整我们对现实的期待和观念来解释这种现象是义不容辞的责任。他的立场为他带来了很多批评的声音。

“这不属于任何学科，”麦克在 1997 年向一位采访者解释说：“也不属于心理健康领域，更不是物理现象。当然也不属于宗教、人类学和科学历史范畴。但同时它又涉及每个学科。重点是如果某些东西不符合我们对现实的概念，有人有一些经历在我们的常识之外，而他们是真诚的，并未因此获得什么，那么对我来说，学者们的责任就是开始质疑我们对现实的概念。”

麦克认为绑架经历是一种文化缺陷，是社会的失败。认为自己被外星人绑架过的人并不是有精神疾病或是精神错乱的，他假设道——这可能只是因为我们的世界观无法解释和理解这些经历。

但是，对他的观点反对最激烈的批评家对他的催眠术提出了质疑。麦克的研究沿袭了弗洛伊德[①]的“抑制”理论——该理论认为大脑能抹去一些创伤性的记忆以保护我们远离经历焦虑。因此他的研究多半需要通过催眠调取病人丧失的记忆，也就是被绑架的经历及其造成的创伤。问题就是这些记忆是否真的是曾被抑制而在催眠状态下又呈现出来的真实回忆，还是仅仅是大脑制造出来的假象？麦克倾向于更平实地解读病人有关外星人的经历，这是极具争议的。

对于麦克来说，转向外星人绑架事件的研究是一次深远的大转型。随着研究的深入，他逐渐意识到传统科学在解释宇宙的很

① 西格蒙德·弗洛伊德（Sigmund Freud，1856年5月6日—1939年9月23日），是奥地利精神病医师、心理学家、精神分析学派创始人。——编者注

多现象时存在局限。正是这个认识把他带到了他所在部门的对立面，很多同事认为他在做的事情太“离谱”而弃他而去；甚至他的妻子萨莉（Sally）也因为他对外星人的痴迷而倍感沮丧，最终与他分居了。在众叛亲离的情况下，麦克只能向更另类的朋友寻求帮助。他找到的盟友有演员伍迪·哈里森[①]（Woody Harrelson，陪他聊天），慈善家劳伦斯·洛克菲勒（Laurence Rockefeller，支持并赞助他的研究），律师及哈佛大学法律教授艾伦·德肖维茨（Alan Dershowitz，维护他享有学术自由的权力），等等。

1994年，哈佛大学医学院的主任召集委员会审查麦克的奖金——这是哈佛历史上第一次有终身教职的教授接受调查。调查以询问的形式进行，这让麦克感到不被理解，甚至有被迫害的感觉。最后，虽然主任“重申了麦克博士的学术自由，可以研究他想研究的东西，并自由陈述他的观点而不会遇到障碍”，但这对麦克的伤害已经造成了。

在同年的一次采访中，麦克回应了那些批评：“我被指责为一名‘盲信者’。批评者认为这是一个信仰和宗教的问题，而不是科学和经验论的问题。我深深地质疑并挑战这一观点。我是在这个领域运用了我四十多年累积的所有临床和心理治疗经验后才达到了现在的认识，并得出‘这种现象在某些方面是真实的’这样的结论。我并没有转变信仰，这和信仰没有关系。这是我在临床工作中思想的进化。现在我是否在使用我全部的心智？我的直觉？是的，我觉得这是一名好的心理健康医生应该做的事情。”[6]

---

① 美国演员，因在传记片《性书大亨》（*The People Vs. Larry Flynt*）中的出色表现而获得奥斯卡影帝提名。——编者注

随着专业信誉的动摇，麦克的焦虑和愤怒情绪逐渐累积。加利马诺普勒斯告诉我们，“对于麦克来说，在自己参与建设的机构里变成一个不受欢迎的人，内心是很痛苦的”。虽然比较另类，麦克还是与这些主流体系共存着，而且十分高产。当这些机构质疑他的正直的时候，麦克在与他相似的另类人群中获得了盟友。他与这些同事朋友建立起了网络，发展出了友情。对任何处于重大转型中的人来说，保持一帮真正理解你的支持者在身边是很重要的。他们能帮助你完成转变，还能帮你击退那些反对者。

但是你也必须学会自己应对反对者，不要甘愿做一个孤独的不被理解的圈外人。如果你要去兔子洞冒险或是要改变方向，那就带上人们一起踏上征程。用他们听得懂的语言，如果他们一开始不明白也不要气馁，保持耐心。要明白个人的转型包含着模糊性，而且要觉悟到未知的东西会让我们感觉不适。

在个人层面上，麦克要自己一直坚持不同的世界观是很不容易的。他也不确定如何才能让自己对新的世界观深信不疑，毕竟它们否定了他奉献毕生的事业的观念基础。但学术上的大胆转变使他的科学事业变得如此不同，现在的工作提出的关于人的身份以及宇宙现实的问题如此吸引他，以至于他不可能再抽身离开。麦克的离经叛道为他在同事中获得了一个称号：“那个相信外星人的哈佛教授”。但他充满激情的探寻也为他赢得了很多支持，这对他保持理智和健康至关重要。

麦克的故事向我们描绘出转型的潜在危险。转型可能看起来很浪漫，但就像跑去和风车战斗的唐·吉诃德[1]（Don Quixote）

① 西班牙作家塞万提斯《唐·吉诃德》主人公。——编者注

一样，不可以掉以轻心。真的，另类人士的角色可以非常累人。但是约翰·麦克并不害怕提出庞大的议题。历史可能会因为他有勇气公开争论外星人是否存在这一问题而对他网开一面。但是对很多考虑转型的人来说，麦克的故事也显示出在兔子洞里走得太远是要面对巨大挑战的。随着经验意识的积累，麦克离哈佛世界和科学机构也越来越遥远。

对于很多另类人士来说，创新的过程可能因此变得不怎么迷人了。你的观点得到即刻的赞赏和接受是非常少见的。有时候，我们朝着未来走得太远了，结果发现自己进入了理论物理学家斯图尔特·考夫曼(Stuart Kauffman) 所定义的“临近可能”的领域。“临近可能”指的是在任意一个时间点——特别是在科学和科技领域——是有可能的。但是这些观点可能要花很长的时间才能获得观众和主流认可。

在本章中出现的很多另类人士在踏上特别的个人转型之路的时候会引起很多争议或者被误解——就好像安东尼奥·费尔南德斯和约翰·麦克博士的案例一样。在其他例子中，比如吉布·布洛克和泰勒·盖奇，他们脱离主流社会后的转型成功意味着这些另类人士一定要证明自己，或者是苦苦挣扎，或者让社会（或是他们所在的公司）看到他们并珍视他们。

不管怎样，这些故事展示了毫不动摇的信念，对核心价值观的坚持，还有不愿意让别人的观点主宰自己的执着，这能帮助一个个体完成转型。这个转型能将他们的人生带向一个全新的并且最终会更有成就感的方向，即使并不为人完全理解。

第三部分

另类革命

7

剑走偏锋

贾森·克莱（Jason Clay）在密苏里州金城（King City）的一个小农场长大。4 岁的时候，他已经会种土豆，会开拖拉机了。和六个兄弟姐妹一起，克莱知道贫穷在等着他。但后来情况变得更糟糕了：15 岁的时候，他的父亲死于一场拖拉机事故。这就把家庭农场留给了克莱和他的妈妈打理，而这时他还在念高中，热衷各种运动，包括足球、篮球和跑步。

现在，克莱是世界自然基金会（WWF）的高级副主席，负责全球农业管理工作。他也负责本书的生物学部分——因为他是亚力克莎·克莱（Alexa Clay，本书作者之一）的父亲。因此亚力克莎在成长过程中亲眼见证了一位另类人士的人生。

2014 年，在工作了差不多 10 年以后，贾森·克莱成功地让 15 家公司——三文鱼产量占到全球总产量的 70%——承诺到 2020 年开始可持续发展地供应三文鱼。克莱定期与主要大公司的首席执行官们会面，让他们了解会影响到他们公司的国际问题和趋势。然而，他从一个小镇农民和足球队的四分卫成长到能影响我们思考如何对待这个资源有限的地球，这一路走来并不容易。

克莱相信农民的背景塑造了他思考的方式。“作为一个农民，你知道完美是好东西的天敌，足够好就可以了。农民们必须以一种足智多谋的方式去解决问题。”仅靠一点钱长大，他学会了如何节俭生活，就是这种思维模式影响了他今天的工作方式。“不大把扔钱你也可以解决问题，重要的是思考什么和怎么思考。”

比如，克莱在和可口可乐合作的时候，就要求公司换个角度思考他们的水消费量。他敦促可口可乐公司不仅要考虑生产瓶子的层面，也要考虑一下制糖过程，因为制糖阶段的用水量是制瓶阶段的十五倍！克莱尝试的是让公司认识到他们对环境的影响很多都发生在他们的控制领域之外。因此一个重要的策略是与他们的供应链一起解决问题。

18 岁的时候，克莱——在成为小镇首个参加 SAT 考试的人以后——获得了哈佛大学奖学金。入学以后，他立刻感到自己格格不入。“在那里我没碰到过一个农民，”他说，“这不只是因为我很穷，还因为我没有可以分享我的经历的人。我不像别的同学夏天去欧洲滑雪。”虽然他有很多人生经历，但他的历程和同龄人没什么联系。学业上，克莱也面临着巨大的学习障碍：他只在高中写过文章。在小镇生活你只需要口头交流。读过他的第一份作业后，他的新生写作指导老师问他英语是否是他的母语。

克莱发现自己被人类学所吸引，有部分原因是对于他来说，在哈佛大学的生活就好像闯入了一个迷失的亚马逊部落。他不得不学习各种习俗——如何先思考再开口，如何得体地吃饭，以及使用什么样的器具。他还学会了在富人的包围中如何保持节俭。比如他用两个月的时间还清了一笔电话账单。

在人类学中，他发现他的圈外人特性可能很有用——因为观察各种文化以及他们运作的方式是了解世界的重要部分。他也发现他可以用头脑赚到比用双手干活更多的钱（对此他很惊讶）。他最终在康奈尔大学（Cornell University）攻读人类学博士学位，研究对象是巴西的小农。“在很多方面，我都能在这些农民中找到认同感，这是我从未在哈佛感受过的，”他说，“我知道这些农民的世界，知道他们关心什么，因此也就知道如何提问。我们有同样的背景——我们都种地，关心作物，收割作物。比如我们都知道天气是如何无情多变。”

从巴西回来以后，克莱在哈佛试教了一段时间，然后为美国国际发展局（US Agency for International Development）工作，但他在这两个地方都感到难以呼吸，因为他无法继续学习。因此他决定做文化遗产拯救协会（Cultural Survival）的志愿者。这是一个人权组织，工作对象是全球的土著人。在这个组织中，克莱成为预测侵犯人权行为的专家，而且他能预测难民营和饥荒营需要的尸体袋。接着，他遇到了“本 & 杰瑞”[①]（Ben &Jerry's）的创始人本 · 科恩（Ben Cohen），那是在死之华乐队（The Grateful Dead）为热带雨林的一场公益演出之后。他们一起想出了一个点子，来帮助人们在雨林里可持续发展地生活：一种新的冰激凌口味（“雨林脆片”），Ben &Jerry's 会从销售中拿出一部分捐献给

① 美国冰淇淋品牌。——编者注

巴西的雨林居民。为土著创造收入不仅证实了雨林的价值，还使得土著社区的成员能够聘请律师来保护他们的土地权益，对抗那些入侵的公司。

这个经历让克莱变成了雨林市场营销的先锋。1989 年，他为一个土著权益组织“文化遗产拯救协会”开设了非营利的贸易部门，负责从亚马逊的土著社区购买水果、坚果、油、蜂蜜、颜料和香料。短短四年，他们付给巴西坚果收获工人的钱涨了三倍，而行业内的其他收购商也相应地将费用提高到了原来的两倍。这个模式与泰勒·盖奇创办 RUNA 时使用的很相似。但克莱的艰难之处在于，他要将这个点子付诸实施的时间是 20 世纪 80 年代，这之前从未有人听过公平贸易和证书。克莱与众多品牌都建立了合作关系，如 Ben &Jerry's，美体小铺[①]（The Body Shop），奥德瓦拉[②]（Odwalla）和 Stonyfield[③]；但他也要面对很多人的反对，这些人对保持土著文化更感兴趣，而不想为土著社区创造好的生活条件。

最终，克莱被认为在破坏“文化遗产拯救协会”的使命，因为这个协会的任务只是记录土著人的困境，但克莱带入了太多的商业元素。而这背后其实是因为这个非政府组织中的贸易公司需要几百万美元的工作资金，而哈佛大学董事会不乐意看到这样的商业冒险，所以他就被解雇了。克莱把他的雇主们逼得太紧了，逼得他们退到了他们感觉舒适的区域之外。而且，

---

① 高质量面部肌肤及身体护理产品零售商，由Anita Roddick于1976年在英国成立。——编者注

② 美国著名新鲜果汁公司。——编者注

③ 全球第一大有机酸奶公司。——编者注

他的工作得到了越来越多的关注，文化遗产拯救协会的创始人开始将他看成了一个威胁。克莱记得在这段时间曾因失意而嚎啕大哭。但他也清楚地知道做一件别人从未做过的事情时所要面临的挑战。这种冲突帮助他锻炼出了钢筋铁骨。他退出以后，重新振作起来，在妻子、亲朋好友和相信他以及和他一样试图带给世界的改变的盟友那里得到安慰。

然而现在，克莱的想法引起了共鸣。“把本土生产者和国际市场连接起来已经变成了当下这一代的‘走出去’战略。这已经不再具有争议了，”克莱告诉我们。在数十年的辛勤工作以后，克莱找到了听众。现在他是 TED 秀（TED speaker）的常客，并且与一系列龙头企业的 CEO 合作研究可持续发展的农业，包括联合利华[①]（Unilever），玛氏[②]（ Mars），通用磨坊食品公司[③]（ General Mills），泰高集团[④]（Nutreco），拉博银行[⑤]（ Rabobank），麦当劳（McDonalds），嘉吉[⑥]（Cargill），甚至世界银行（World Bank）。不过他的方法也改变了。他学会了如何在体系内推行自己另类的方式。

克莱现在更多的是试图去了解别人的立场，而不是把自己的观点强加给别人，也不会因为别人不接受他的观点与他争论而感

① 食品及洗剂用品公司。——编者注

② 创立于1911年拥有的跨国公司，主要业务涉及零食类（糖果巧克力）、宠物类、主食和电子产品的制造和营销。——编者注

③ 是一家世界财富500强企业，主要从事食品制作业务，为世界第六大食品公司。——编者注

④ 全球最大的水产饲料供应商。——编者注

⑤ 荷兰合作银行又称拉博银行。是农民自己的合作银行，主要从事农业、农业机械和食品工业等行业的金融交易。——编者注

⑥ 世界上最大的私人控股公司之一、最大的动物营养品和农产品制造商。——编者注

到失望。“在陈述一遍的同时你应该聆听两遍，因为当人们被自己的问题都搞得焦头烂额的时候是不会看到更大的问题的。”

这是我们与很多在大公司工作的另类人士交谈以后发现的——比如前文我们提到的福特公司的戴夫·博迪许和埃森哲的吉布·布洛克。了解与你共事的人以及你想影响的人的政治立场和动机很重要。很多人都战战兢兢地在工作——害怕失败，害怕声誉受损，害怕未知的事物。你必须能够停下来问问自己：是什么在深层次上驱使一个人？我要如何更好地理解他们的观念？还有，别忘了自省，看看你给一个环境带来的偏见和恐惧。

要成为另类人士，你需要有一点双重意识——一方面能够看到别人观点的逻辑和理性，同时也要坚持你自己的信念。但这也需要长远的眼光。你想带给世界的黑客行为、挑衅和智取可能需要一些时间才能被接受。这些克莱再清楚不过了。“我们并不缺点子，只不过有时候点子夭折了。有时我会在十到二十年以后，当环境更能接受这些点子或我知道怎样更好地推销它们的时候，我会唤醒这些点子，让它们焕然一新。”

经历过岁月的洗涤，克莱开始欣赏仿冒者的直觉。克莱认识到他永远无法将他所有的点子都规模化，因此他开始分享他的点子，而不是紧抓着不放。对他来说，点子就像种子，而头脑就像土壤，有时候种子扎了根，有时候也会消亡，还有一些时候，它们会沉睡多年才发芽。

克莱认为让他在这个另类旅程的起起落落中还屹立不倒的是他农民的根。“我学会了为自己创造机会，还学会了当事情进行不下去的时候懂得放手，”他说，“我没有让金钱驱动我的生活，而是一直专注于我想要的结果。”他告诉我们作为一个农民，你知道失败是无法避免的。有时候失败是自己的问题，但更多时候是因为一些在你掌控之外的事情。你可能会遇到特别坏的季节——比如太多雨或者太少雨。克莱说他学会了在经历失望以后振作起来，然后再试一次。他还说他总是同时多方出击，从不在一个项目或是倡议上投入太大的经历。这种多样化的发展也是他在农作的时候学到的。4 岁的时候，他已经学会种植在不同条件下成熟的作物来分散风险。

改变你周围的文化

贾森·克莱，或是在医药领域建立集体联合研发能力的查斯·邦特拉，或是我们“长胡子”的恶作剧女权主义团体“拉·芭比”，这些另类人士的共同点是他们不是在真空中培育他们点子的独行侠，而是都试着改变他们身边的文化。

如果我们想把智取，黑客，复制，挑衅和转型的能力运用到我们的生活和工作中，我们终归会面临比利用一种行为或思维模式更大的挑战。我们要面对改变文化的巨大影响。而这会是一个很缓慢的过程。

曼达尔·阿普特（Mandar Apte），身份是一名化学工程师，但实际上他正在偷偷地改变壳牌的文化。阿普特一直在壳牌做有关石油和天然气生产、科技和战略方面的技术工作；直到十年后他有了一个全新的点子：在整个公司推广一个冥想和正念课程。但要想真正影响到公司的文化，他并没有指望领导层一开始就会买账，他的策略是先去找公司的秘书们调整大家的时间表。在我们写书的时候，已经有来自英国、巴西、美国、荷兰、马来西亚、印度和阿联酋等超过 2000 名壳牌的分公司员工参加了冥想课程。

阿普特推广的冥想实践不仅被用来提高办公室格子间里的员工的幸福感，还要在壳牌内部推广安全文化。公司在印度的卡车司机，路易斯安那州（Louisiana）炼油厂的工人，以及在海中钻井平台工作的工人都在进行冥想实践。如果这个实验的结果是积极的，它将使得很多行业的工作场所变得更加安全，在这些行业，对于作业的专注力是成功的关键，比如采矿业、建造业和医疗手术。

其他形式的“文化黑客行为”可能只是简单的反叛。海迪·麦克唐纳（Heidi McDonald）是一名电动游戏设计师，她将自己的工作台加上了一艘海盗船作为装饰，她还打算纹一个骷髅和交叉骨头的纹身。戴夫·博迪许在福特公司想要重塑机动车的时候，从不避讳自己的天主教信仰。有时候我们能对文化产生的最简单的改变就是把我们的热忱和价值观带进我们的工作。

对于麦克唐纳来说，海盗“代表着独立和冒险。你有自由去设定自己的规则，你的人身取决于你自己的智慧，”她告诉我们。她把海盗的价值观带进了自己的工作。她说：“我不用害怕挥舞我的古怪旗帜，因为整个游戏行业就是怪人和另类人士组成的。”

博迪许在一个相对更传统的行业工作，他将自己在福特公司人权领域的成就很多都归功于自己的信仰。博迪许和团队中的另几个人公开了自己的信仰。他告诉我们：“我们投身于人权事业是因为我们的信仰。”对他来说，信仰是工作场所非常需要的东西。“检查你自己的信仰和检查你自己的人格一样。你应该带着灵魂来工作。”

阿普特冥想课程的成功也是因为他把自己的价值观带到了工作的地方。阿普特本身就是一位活跃的冥想实践者和导师，因此寻找途径将这个爱好和精神实践带到工作里对他来说是极其自然的。这看似很简单，但要把我们的价值观带入工作来塑造我们身处其中的文化，而不是简单地灌输给他们并非易事。我们交谈过的另类人士大部分（当然骗子除外）都忠实于这种真实性。

作为一位爵士音乐家，哈罗德·奥尼尔（Harold O’Neal）告诉我们：“我觉得每个人都是独特的。如果我们都只做自己，那我们都是另类人士。我尽力与我内心的变化保持连接，以与我的独特性保持一致。”能够这样做就是释放自己，但如果你对此不习惯，那就会觉得是一次跳跃。你必须要允许自己抛开角色和伪装；必须要有勇气抛开社会强加在我们身上的层层负累，尝试重新发现内心真实的召唤；你必须能忍受不再与别人盲目一致。一直以“败家子”的身份走一生是很具有挑战性的。

另类应变能力的起落变迁

离开旧金山综合医院受人尊敬的职位以后，加里·斯拉特金博士在非洲花了十年时间试图阻止传染疾病的蔓延。终于，他因为目睹了太多死亡和疾病而心力交瘁。“传染病死亡给人的感觉是很不同的——不仅充满了恐惧，也充满了恐慌。我不断地听到成百上千的女人在沙漠中哭喊着。”他告诉我们。

在这种环境中管理工作多年后，斯拉特金只想回家，重新开始。“我感到精疲力竭，长期处于倒时差中，而且感情上也十分孤独。”他这样告诉我们。现在，他在“治愈暴力”的工作也需要大量的精力和毅力。他说：“让系统本身彻底反思其自身应对暴力的方式必定会遇到很多阻挠。”

为了让自己保持理智，斯拉特金找到了更好的分配精力的方法。“我对自己的感受，特别是对自己是否过劳非常敏感。如果我说得太多，想得太多——我会知道我的负担太重了，这时候就该去散个步或者放慢脚步。”斯拉特金为自己创造了空白空间。他常常在他的日程表上留几个空白——在这些时间他不做任何事情。有了这些空白，斯拉特金告诉我们：“大脑就有机会把已经发生的事情都过一遍。这不只是冥想和正念，还有暂停输入，停止阅读，停止交谈，也停止关注媒体。”

凯瑟琳·霍克，“Defy Ventures”的另类创始人。她将前帮派成员和创业机会联系起来，这本身就存在严峻的挑战。在建立 Defy 之前，她因为监狱创业计划（PEP）而精疲力竭。她一心一意地想让这个项目成功，以至于婚姻破裂，她因此感到非常绝望和孤独。“PEP 成长得如此迅速，我只能在加油站吃饭，因为我没有时间。我的健康状况越来越坏，压力大到我感觉要崩溃了。”

她在离婚的时候，是她的一些以前的学生在照顾她。“在这些坐过牢的人身边，我反而觉得能够做真实的自己，也可以展现脆弱的一面。”在这个非常微妙的阶段，霍克和一些前学员发生了不正当关系，结果她只能辞职。这个事件带来的另一波黑暗浪潮让她对生存下去的意义产生了怀疑。霍克承认那时候她真的很害怕自己的软弱，还有怕因为自己的行为而遭到批评和躲避。

“我痛恨自己和自己的生活。我失去了我的身份(作为一名妻子)，失去了我的事业（在 PEP），也没有钱。”

但是在公开辞职和承认不恰当关系以后，霍克却收到了1000 封传达爱和支持的信件。她认为她能再站起来不仅是因为她的信念，还应该归功于她的朋友和支持者们。“我离开德克萨斯州和 PEP 的时候一无所有，这就好像一首悲哀的乡村歌曲，我已经将我毕生的积蓄都投资到这个项目里去了。但是我到达纽约以后，朋友们帮助我整理心情，我慢慢地重新站了起来。”

在纽约，霍克接受了很多治疗。她在精神上有了成长，读了很多关于优雅、爱和救赎的书，还了解了别人重整旗鼓的故事。但是霍克也对其他另类人士提出了忠告：“先要搞清楚这是不是值得你奉献自己的事情。如果你对自己的梦想和愿景不够确信——不是你身上的每根骨头都确信的话，它就不值得。”对于霍克来说，她从没有后备计划。她对 Defy Ventures 倾其所有。“这是一条艰难的路。因为你无时无刻不在兜售你的观点，但有那么多人与你看世界的方式不同。”

对正在学习如何快速复原的另类人士，霍克给出的建议是：习惯“不”这个词。“别让‘不’这个词杀了你。”她说。霍克尝试启动创业计划的首批监狱中，有一个官员就说这个点子太疯狂了。他们把她赶出了监狱，不让她在那里工作。她记得自己哭了足足三个小时。但现在，她已经对听到“不”这个字习以为常。当然她还是不喜欢这个字的，但她不会觉得这是针对她个人的。“我现在愿意接受任何批评，”她说，“如果我收到了批评，我会向我信任的人确认一下（我是否真的错了）。这些我信任的人不仅仅只是会说‘好’的人，也包括那些会推我向前，当我没有走对路的时候会以实相告的人。”

泰勒·盖奇，这个曾在丛林中生活过的年轻另类人士，后来建立起了自己的公司，经营来自亚马逊的茶叶，也是一个没有后备计划的人。“我完全投到了RUNA（他的公司）中，我觉得我们成功的很大一个原因是我们不睡觉。”他说，“我们一直在绞尽脑汁想办法。除了努力工作，保持实干的毅力，我们也没有什么别的选择。”盖奇还不到30岁，这是他首次创业。但除了可以不睡觉工作以及（他承认）对咖啡因的过度依赖，他也会每年在丛林里待几个月，暂时离开Excel表格和销售，净化一下自身。

在你投身到一个可能耗费你终生的事业中去之前，你必须问自己一个问题：“是不是非它莫属？”对于盖奇，斯拉特金来说，他们无法想象自己从事任何别的工作，正是他们为工作付出的牺牲和汗水把意义和目的带入了他们的生命中。尽管他们的工作非常辛苦，但同时也为他们注入了力量和深深的满足感。他们的挑战就是记住自己并不需要一直干劲十足。有时候，你要把你的工作看成一场马拉松比赛，不要把自己的精力全都消耗在最初的几公里上。

同时，生命的节奏不总是均衡的，就好像克莱告诉我们的：“在一些关键时刻，你需要立刻行动，没有时间可以浪费。人生给予你的机会是有限的，你一定要好好把握。”

与我们其他故事的主人公相比，克莱认为自己是一个连续型的另类人士，因为他在多个差异很大的领域工作——学术界、人权领域、环境领域，还有私人领域。但他也认识到如果没有他妻子的理解和支持，他是不可能在这个征程上走这么远的。这个旅程，他不想一个人走。

追随者的力量

在当今世界，另类人士们无法在同业公会里磨砺他们的技术和成长，但他们有追随者。帮派成员有“联系人”，海盗船长则有一船的“兄弟”，被政治理想驱使的黑客会在互联网世界里寻找有相同理念的革命者。有追随者不但能强化你的快速恢复能力，还能帮你的想法达到新的高度。

追随者最简单的形式就是提供一个培养器来孵化你内心的另类自我。通过追随者的圈子，你会发现一个信任网络，将你从屈服于主流的压力中解放出来。另类人士单打独斗就是隐士，无法与世界分享自己的观点。但身处于支持他（她）的紧密团结的社群中，另类人士就能变得更具有影响力。

1921 年，年轻又充满抱负的美国作家欧内思特·海明威[①]（Ernest Hemingway）搬到了巴黎。在这里，他贫困潦倒，喝得烂醉，爱得死去活来，但最终找到了自己作为作家的声音，并在写作界成为了一个真正的创新者。不过，海明威的转变并不是孤独天才的故事，和很多创新者一样，他的成功得感谢 20 世纪 20 年代聚集在巴黎的那一群著名的前爱国者们。

除了他自身强烈的个人主义色彩以外，海明威还获益于这个小团体——如果你喜欢也可以称其为追随者。这群人忠诚热情，

① 美国作家和记者，被认为是20世纪最著名的小说家之一。——编者注

能引导他，也支持他。当现代文化更多地倾向于将世界与名人和车队联系在一起的时候，这个圈子里单纯的定义却更普遍，说到某人的时候不会提起他的地位或是在圈子里的重要性，而是说“某某的同僚”（来源于古法语，意为追随）或者某人“喜欢结交的人”。如果海明威身边没有这些人的支持，世界不可能见证这颗明星的升起。

海明威有各式各样的追随者，但都因共同的目的团结在一起。谢伍德·安德森[①]（Sherwood Anderson）是一位芝加哥作家，他是最早注意到海明威才华的人之一，也是将海明威推荐给出版商的人。安德森还鼓励海明威去巴黎，甚至为其提供了推荐信。

然后，莎士比亚书店[②]（Shakespeare & Company）的西尔维娅·比奇（Sylvia Beach）出现了。要是没有她，难以想象海明威会变成怎样。比奇在海明威无法果腹的时候借钱给他，在他需要灵感的时候又借书给他。还有埃兹拉·庞德[③]（Ezra Pound），海明威对他的好心肠赞不绝口。“埃兹拉是我见过的最慷慨的作家之一。”海明威在《流动的盛宴》（*A Movable Feast*）一书中这样写道，“他帮助诗人、画家、雕塑家，还用散文记叙他信任的作家。他会帮助任何需要帮助的人，无论这些人是否可信。”

在巴黎的岁月里，迈克尔·雷诺兹（Michael Reynolds）完美地抓住了这一时期围绕在海明威周围的波希米亚追随者的精

---

① 著名的美国作家，擅长短篇小说，其代表作有《俄亥俄州瓦思堡镇》。——编者注

② 诞生于一战之后，主要以出售英文书籍为主，当时在巴黎的海明威、菲茨杰拉德、斯坦因等“迷惘的一代”都是书店主人西尔维娅·比奇的座上客。——编者注

③ 美国诗人和文学评论家，意象派诗歌运动的重要代表人物。他和艾略特同为后期象征主义诗歌的领军人物。——编者注

神：一个由作家和艺术家组成的小团体，相互紧紧依靠，因为彼此的亲近，集体的热情以及同样的雄心壮志而充满了力量。

与海明威的住处相距不到两个街区的在蒙巴纳斯[①]（Montparnasse）的墓园里，查尔斯·波德莱尔[②]（Charles Baudelaire）和居伊·德·莫泊桑[③]（Guy de Maupassant）长眠于石制纪念碑下。沿着拉斯帕埃大街（Boulevard Raspail）走五分钟，格特鲁德·斯坦[④]（Gertrude Stein）和爱丽丝·托克拉丝[⑤]（Alice Toklas）正准备她们的圣诞节晚餐。不远处，埃兹拉·庞德则在去往洛桑（Lausanne）一处疗养院的途中阅读一位神经脆弱的年轻友人托马斯·斯特尔那斯·艾略特[⑥]（Thomas Stearns Eliot）留下的一点手稿。艾略特将称它为《荒原》（*The Waste Land*）。离海明威住的旅馆不到两个街区的地方，詹姆斯·乔伊斯[⑦]（James Joyce）正更衣准备去参加在西尔维娅·比齐的书店里举行的一个晚会。在晚会上，他们要庆祝他的手稿《尤利西斯》（*Ulysses*）的最后修订完成。

---

① 法国著名文艺街区。——编者注

② 法国象征派诗歌的先驱，现代派诗歌的鼻祖。——编者注

③ 19世纪后半叶法国优秀的批判现实主义作家，人称“短篇小说巨匠”，与契诃夫和欧·亨利并称为“世界三大短篇小说家”，对后世产生极大影响，被誉为“短篇小说之王”。——编者注

④ 旅居法国的美国女作家、艺术品收藏家，犹太人，对20世纪西方文学产生过重要的影响。——编者注

⑤ 格特鲁德·斯坦的同性伴侣。——编者注

⑥ 诗人、剧作家和文学批评家，诗歌现代派运动领袖。——编者注

⑦ 爱尔兰作家、诗人，20世纪最伟大的作家之一，后现代文学的奠基者之一，其作品及“意识流”思想对世界文坛影响巨大。——编者注

然后，不得不提到格特鲁德·斯坦。除了对海明威的初稿作出反馈和批评以外，斯坦因还在连接这些相似的另类人士时扮演了重要的角色。每个星期六晚上，斯坦因都要在巴黎花园街 27 号的家中举办沙龙，参加者包括毕加索①（Picasso），菲茨杰拉德②（Fitzgerald），乔伊斯，马蒂斯③（Matisse），海明威，等等。斯坦因提供了一个交谈和灵感的庇护所，也是支持和滋养天才的地方。当今的艺术家、作家、设计师和企业家都努力再造斯坦因首创的这种实验模式。完美的作家团体，艺术家集团，企业家孵化器，说唱艺人群体，合作空间，以及黑客集体都是对斯坦因沙龙的模仿，都是在通过连接寻求转变，都在努力超越伴随着创造过程的孤独。追随者的意义在于，我们不仅作为个体在世界上留下印记，也帮助同类达到这个目标。

非正式的文化

另类人士最需要的（除了他们的追随者以外）就是能提供灵活弹性的环境。吉布·布洛克在埃森哲寻找的就是一个能包容他的点子的环境，在这里，企业文化允许他重塑自己的职业性质。“好好先生”“拉·芭比”和“UX”这些挑衅者团体因即兴创作的精神而在传统体系外茁壮成长。历史上，海盗们在自己的船上创造出了新的管理系统，达到了自治的目的。另类人士需要一个空间，让他们能按照自己的规则生活。

---

① 西班牙画家、雕塑家。法国共产党党员。是现代艺术的创始人，西方现代派绘画的主要代表。

② F.S.菲茨杰拉德，美国小说家。二十世纪美国最杰出作家之一。

③ 亨利·马蒂斯（Henri Matisse），法国著名画家，野兽派的创始人和主要代表人物，也是一位雕塑家、版画家。

这就意味着如果我们要开发另类人士的力量，我们的正统机构就必须变成更好的宿主。“火人节”这样的节日，“占领”这样的运动，黑客团体，建立在平等基础上的合作空间都意味着对工作场所的期望值正在改变。另类人士必定会逃离充斥着命令和控制的系统。

“占领”运动有一个有趣的副效应，记者内森·施奈德（Nathan Schneider）观察说：“当人们从占领运动回到自己的工作岗位以后，就意识到他们工作的场所是多么缺乏民主。占领运动让人们得以瞥见自己也可以以其他方式来成为企业的一分子。在这种企业中，参与和自主决定就是一切。”

商业思考者和作家多夫·塞德曼（Dov Seidman）也观察到了这种不满：

> 像大多数抗议活动一样，占领华尔街运动的抗议者们也在向现行体系要求自由。很多职员希望从喜欢命令和控制的老板手中逃脱，跳出任务型的工作，能自由地将自己的性格、创造力和合作精神投入工作中，去追求以价值观为基础的值得他们奉献的使命。[1]

随着越来越多的员工厌倦了命令和控制系统，一些企业已经开始尝试废除层级制度，而寻求更大的非正规性。位于西雅图的 Valve 公司是一家价值十亿美元的游戏公司（制作的游戏有半条命 Half-Life，传送门 Portal，以及软件下载平台 Steam）。这家公司没有任何层级，没有传统的权威人物，Valve 的员工必须高度自我激励，每个员工都要对公司的成败负责。他们被鼓励在自己组织的“派系”中合作共事。工资以声誉货币为基础。同一个项目的工作人员互相评分，内容包括协作能力、技术和整体表现。评分结果被用来评出公司的领导层，而这个领导层会决定每个员工得到多少报酬。

在巴西，Semco（塞氏企业），一个龙头制造商，同时也是巴西成长最快的公司之一，正试验一种类似的方式。它让员工安排自己的工作时间，工资，甚至奖金。

当然，“占领”这样的社会运动和“拉·芭比”这样的活动家集团让个体在不同企业文化工作时具备更分散或集中的自主权。问题是这种亚文化要发展到什么程度才能影响到主流工作场所呢？到目前为止，我们已经看到，体验过这种亚文化，或是探索过更放松的层级关系的人都开始质疑由来已久的命令——控制体系。

还记得负责虚拟火星任务的安杰洛·弗缪仑吗？在执行这个虚拟任务的时候，他尝试了非常不同的领导方式。他放弃自己的指挥权，让不同的船员在不同的阶段领导，并要求船员评价各个不同的领导方式。弗缪仑告诉我们，他在整个任务期间学到了很多关于自己领导方式的东西。“一个领导者为了领导，总是会为了自己的利益而修正现状。作为一个领导者，我为了能够胜任也会有这些需求。社会互动是我的主要需求之一——因此在我的领导模式中，就会尽可能增加社会互动，因为这是我价值体系的一部分。”

弗缪仑质疑将星际飞船和太空探索文化等同于军事文化的这

个流行观点。在一次典型的任务中，地面控制完全主宰宇航员的活动，宇航员只是个操作员而已。但是弗缪仑对更高层次和参与度更高的文化感兴趣。“总有一天，地面控制将不再能控制太空居民生活的每一分钟。”弗缪仑说。和 Valve，Semco 这样正在探索更加自治的文化的公司类似，弗缪仑认为同样的参与文化也可以存在于星际飞船上，而且会主宰未来的星际殖民地。但是我们要如何把这些还在试验中的文化带进现实呢？

8
结 论

假设在未来世界，“另类革命”已经爆发。世界看起来会是什么样子的？你又怎么到那里去呢？我们想象的是一个常规不断遭到质疑的世界。在那里，创新者的古怪方式不仅能被接受，还会被赞赏。一个企业不再只局限于提供一份工作，还要挖掘员工的企业家潜质，鼓励他们有积极意义地“离经叛道”。创新不再只是关于最新的工具，还有我们作为一个全球大社团的深层需要。罪犯不再是社会的负担，他们的特长不需要被锁起来，而是得到欣赏，继而用于造福社会。学生不需要再勉强自己适应那种一刀切的教育环境，不需要再“消费”知识，而是通过自主学习以及与人合作来开发自己的热情，积累知识。

这并不是乌托邦，这一点我们要说清楚。这是一个缓慢揭幕的新世界，另类的想法正越来越多地渗透进主流文化里。在商业世界里，曼达尔·阿普特就在尝试将新的另类生态系统植入壳牌公司。还记得吗，阿普特曾把冥想活动偷偷地推广到了全公司。现在他正在公司领导一个新项目，让人们可以挣脱生产线经理的权威，把自己的点子交给他负责的“游戏规则改变者计划（GameChangers program）”，以用于改良和beta测试。目的是通过支持可能对企业和社会都有价值的另类创想，在大型公司内部打造创业能力。阿普特所设想的世界中，企业生态系统更像是创业生态系统，能够利用员工的全部才能，在这里为好点子服务可以不考虑层级关系。

在教育领域，一群新兴的创想者已经聚集起来，准备建立一个对等的哲学社区，叫“智慧黑客（Wisdom Hackers）”，目的是建立一个非正式集体，很像“匿名者（Anonymous）”或者说一个松散的公会或追随者团体，为个人创造空间与深刻的问题角力。“智慧黑客”发起于传统教育环境之外，为大家提供工具“下载”或是发起一个有关生命的“热题”。

另类创想也开始主导建筑业。合作社和“国际社区”这样的嬉皮概念正被翻新以用于现代生活方式。在旧金山，“大使馆网络（Embassy Network）”是一个分享居住空间的网络，这样忙碌的职业创新者和旅行者就能随时入住了。在柏林，合作型居住单元，如光明屋（Lighthouse）和海恩24（Hain24），有私人公寓提供个人自治区，但也有公共区域，以及为不同居住群体提供的居住资源，包括个人、家庭和退休的人。

还有其他另类起义的标志吗？当然有，“清晨派对（Morning Raves）”就在改变着伦敦、纽约、巴塞罗那和东京的上班族。在巴黎，名叫“La Pailasse”的生物黑客空间提供一个基于社区的公共实验室，让市民们可以在生物和生物科技领域试试身手。而且，不断增长的自由职业者的规模使得随机应变者和企业家又多了一个新的源头。

一些另类市场或方法还是新生儿，正拼命想得到关注（例如，骆驼奶，对外星人存在的信念，联通监狱与外界创业资金的管道）。尽管如此，一点一点，只要我们开始以另类人士的面目示人，能够接受和滋养非常规事物的世界就会形成。

致谢

谨以此书向世界各地的另类人士们致谢。如果没有你们的“慷慨解囊”，向我们讲述你们的故事，给予我们支持和指导，我们是不可能完成这本书的。感谢我们的代理商——弗莱彻公司（Fletcher & Co.）的克里斯蒂·弗莱彻（Christy Fletcher)——源源不断地向我们提供支持和务实的建议。感谢我们的编辑本·洛恩（Ben Loehnen）。多亏了他，我们才能一直恪守高标准，令最终成书的品质远远超出了我们的预期。感谢劳莲·罗兰（Laureen Rowland），她帮助我们将零散的初稿整理成了连贯的文章，令两个初试牛刀的作者变得更有信心了。

感谢我们的朋友和同事们，他们认

同并且声援了非正式经济和临时经济的重要性。这些人包括史蒂夫·丹尼尔斯（Steve Daniels），罗伯特·纽沃思（Robert Neuwirth），西蒙·阿胡贾（Simone Ahuja），纳维·拉德友（Navi Radjou），加朗斯·乔柯（Garance Choko），黄礼森（Lee-Sean Huang），亚当·怀特（Adam White），以及基思·哈特（Keith Hart）。还有彼得·西姆斯（Peter Sims），他接纳了社会上的“害群之马”，并让我们结识了他的代理商和出版商。也感谢玛吉·德·普雷（Maggie de Pree）帮助我们潜入另类人士的世界中。而兰斯·威勒（Lance Weiler）蒂姆·里布莱彻（Tim Leberecht）则是灵感和联想的源泉。

另外，要是没有贾拉·马什路（Jairaj Mashru）的关心和指点，我们在印度的那一段时间将会是一场噩梦。感谢你们对这个项目的信念和投入，也感谢侯赛因（Hussain）带我们见识了一下孟买的地下世界。

在纽约，我们要感谢凯瑟琳·霍克（Catherine Hoke）引荐我们认识了一些不可思议的前帮派成员和前毒贩，这些人正在通过凯瑟琳创办的公司 Defy Venture 重回正轨。我们也要感谢安东尼奥·费尔南德斯（Antonio Fernandez），他与我们分享了他经营“拉丁王之国”的启发人心的故事。还有伊斯雷尔（Israel）和费边（Fabian），他们向我们讲述了各自的犯罪生涯。感谢德鲁西拉·劳顿（Drusilla Lawton）在她位于公园坡[①]的漂亮公寓里招待我们；还有伊利娅·希拉克(Illya Szilak）和克里斯·弗鲁姆(Chris Vroom），感谢他们在布鲁克林威廉斯堡对我们的盛情款待。

① 位于纽约布鲁克林区。——编者注

在伦敦，我们必须感谢贝莉·艾伦（Baillie Aaron），她慷慨地跟我们分享了她帮助获释犯人融入社会的故事。还有很多不断给予我们研究线索和道德支持的人，其中特别要感谢：阿曼达·戈尔（Amanda Gore），萨拉·道格拉斯（Sarah Douglas），凯西·鲁宾逊（Cassie Robinson），埃拉·索尔特马什（Ella Saltmarshe），安娜·摩苏尔（Anna Mouser），汉娜·史密斯（Hannah Smith）和埃莉诺·福特（Eleanor Ford）。还有很多黑客与我们分享了他们天才又调皮的故事，特别是萨姆·罗伯茨（Sam Roberts）和纳撒尼尔·博伦斯坦（Nathaniel Borenstein）。感谢普鲁弗洛克咖啡[①]（Prufrock Coffee）和瓯贝霍兹咖啡店[②]（Café Oberholz）的全体员工，在我们创作陷入僵局阶段时对我们的同情。还有阿西·沙拉比（Asi Sharabi），随时向我们提供工作需要的桌子。最后，我们要真诚地感谢弗兰·史密斯（Fran Smith）。一路上，她都给予我们友善、明智、热情的指导。

还要感谢在Kickstarter[③]上支持我们的人，在他们的帮助下我们这个项目才得以实现，如果没有这项坚定的草根融资运动，我们根本不可能走到现在。还有劳拉·盖姆斯（Laura Gamse），我们的天才电影制作人，跟着我们去了印度和中国，她的父亲也在整个旅程中一直给我们发送有关另类人士的材料。感谢爱创家协会（Ashoka）[④]所有同仁、员工的支持。还有One/Thousand网

---

① 位于英国伦敦的咖啡馆，提供经欧洲特种咖啡协会（SCAE）认证的咖啡技能师培训。——编者注

② 位于德国柏林。——编者注

③ 一个专为具有创意方案的企业筹资的众筹网站平台。——编者注

④ 全球最大的社会企业家组织，为当今世界最紧迫的社会问题提供解决和改变方案。——编者注

的员工，他们在整个过程中都鼎力支持我们。

感谢内森·施奈德（Nathan Schneider）分享他关于“占领华尔街运动”的想法。也感谢皮特·利森（Peter Leeson）和马库斯·雷迪克（Marcus Rediker），他们向我们讲述了海盗的历史。也要向大卫·库曼·金（David Kyuman Kim）和肯·尼斯利（Ken Knisely）说谢谢，他们给了我们哲学启蒙。谢谢马文·盖伊·切特温德（Marvin Gaye Chetwynd）打开了我们的视野，让我们看到了表演艺术的世界。还有加里·斯拉特金（Gary Slutkin），他为平复暴力做了很出色的工作。还要感谢马克·海（Mark Hay），尤瑟夫·穆罕默德·哈桑（Yusuf Mohamed Hasan），杰伊·巴哈杜尔（Jay Bahadur），在我们写索马里海盗的时候给予了帮助和指导。加斯帕德·杜瓦尔（Gaspard Duval）带我们深入巴黎地下35米进行探索。艾丽西亚·萨利（Alicia Sully）和菲利帕·杨（Philippa Young）一直告诉我们这些年骆驼奶的消息。我们对他们表示衷心感谢。感谢乔恩·莱克曼（Jon Lackman）和拉扎尔·孔斯特曼（Lazar Kunstmann），他们向我们讲述了城市实验和它具有传染性的文化。也要感谢极富才华的插画师和平面设计师汤姆·詹宁斯（Tom Jennings），斯科特·罗伯茨（Scott Roberts），哈里·米洛纳蒂斯（Harry Mylonadis）和伯纳德·迈伯勒（Bernard Myburgh），他们赋予了本书非常漂亮的视觉体验。还有保罗·海德·梅泽尔（Paul Hyde Mezier），费列什泰赫·阿玛西（Fereshteh Amarsi），穆罕默德·阿里（Mohamed Ali），劳伦特·比埃斯（Laurent Billiers），他们的翻译工作对我们帮助很大。

也感谢朋友们的爱和支持，特别是扎克·威尔丁（Zach Verdin），夏洛特·桑德斯（Charlotte Saunders），玛丽卡门·西拉（Maricarmen Sierra），莉莉·伯恩海默（Lily Bernheimer），克里斯塔·奈特（Krista Knight），爱丽丝·沙伊（Alice Shay），伊丽莎白·斯珀波（Elizabeth Sperbe），亚历克西丝·司马古拉（Alexis Smagula），弗雷亚·扎西尔（Freya Zaheer），佩德罗·加蒂姆（Pedro Jardim），安东宁·李奥纳多（Antonin Léonard），托马斯·德·劳拉（Tomás de Lara），杰克·莱维塔斯（Jake Levitas），瑞秋·韦斯特（Rachel West），亚当·索伯鲁（Adam Sobolew），乔莉·奥利维蒂（Jolie Olivetti），格温·比诺·德·梅斯基塔（Gwen Bueno de Mesquita），伊拉娜·莎维迪（Ilana Savdie），凯蒂·苏洛斯（Katie Tsouros），萨莎·德·马里尼（Sasha de Marigny），塔拉·伊普-巴尼克（Tara Yip-Bannicq），达伦·瑞安（Darren Ryan），威廉·麦奎兰（William McQuillan），萨曼莎·普拉达（Samantha Prada），纳塔莉·切斯勒（Natalie Chesler），莱拉·萨克斯（Leyla Sacks），妮可·路辛格尔（Nico Luchsinger），伊娃·莫尔（Eva Mohr），塔尼·普赖尔（Tahnee Prior），阿曼达·戈尔（Amanda Gore），还有很多很多别的人——太多了，以至于无法一一列出——他们来自悉尼，都柏林，柏林，内罗毕，伦敦和纽约。

感谢伦敦和柏林向我们提供了极具创意和灵感的空间，让我们能不断改进这份手稿，而且这两个城市还像磁铁一样吸引着具有破坏力的地下文化。最后，我们要把难于言表的感谢之情送给我们的家人，是你们给了我们持续不断的爱，鼓励和支持。如果没有你们，这本书是不可能成为现实的。

尾注

引 子

1. Charles Passy. “At $18 a Pint, Camel’s Milk May Make You Healthy, Poor,” Market Watch, June 14, 2014,http://www.marketwatch.com/story/got-camel-milk-2014-06-13?dist =beforebell.

2. Jeanine Bentley. “Trends in U.S. Per Capita Consumption of Dairy Products, 1970–2012,” United States Department of Agriculture,June 2, 2014,http://www.ers.usda.gov/amber-waves/2014-june/trends-in-us-per-capita-consumption-of-dairy-products,-1970-2012.aspx#.U94KUYBdWwG.

3. *The Oxford English Dictionary.* (Oxford: Oxford University Press,May 10, 2012).

4. Interpol, United Nations Office on Drug and Crime, World Bank, “Pirate Trails: Tracking the Illicit Financial Flows from Pirate Activities off the Horn of Africa,” The World Bank, November 4, 2013.

5. Ibid.

第一章 另类哲学

1. Jon Lackman, “The New French Hacker-Artist Underground,” *Wired*, January 20, 2012, http://www.wired.com/2012/01/ff_ux/all/.

2. Barbara Evans, *Freedom to Choose: The Life and Work of Dr. Helena Wright, Pioneer of Contraception* (London: Bodley Head,1984).

3. Roshan Paul and Alexa Clay, “An Open Source Approach to Medical Research,” *Stanford Social Innovation Review*, October 3,2011.

4. Forbes, “The World’s Billionaires,” http://www.forbes.com/profile/richard-branson/.

5. Steve Daniels, “Thai Hackers Adapt Vehicles and Buildings to the Flood,” *The Atlantic*, November 14, 2011, http://www.theatlantic.com/technology/archive/2011/11/thai-hackers-adapt-vehicles-and-buildings-to-the-flood/248467/#slide3.

6. *The Economist*, “In Praise of Misfits,” June 2, 2012, http://www.economist.com/node/21556230.

7. Shirley S. Wang, “How Autism Can Help You Land a Job,” *The Wall Street Journal*, March 27, 2014, http://online.wsj.com/news/articles/SB10001424052702304418404579465561364868556.

8. LRN, “The HOW Report: New Metrics for a New Reality: Rethinking the Source of Resiliency, Innovation, and Growth,” 2012, http://pages.lrn.com/how-report.

9. Jared Duval, *Next Generation Democracy: What the Open Source Revolution Means for Power, Politics and Change* (New York:Bloomsbury, 2010).

10. Kim Gittleson, "Can a Company Live Forever?" BBC News, January 19, 2012, http://www.bbc.co.uk/news/business-16611040.

第二章 智 取

1. Matthew C. Sonfield and Robert J. Barbato, "Testing Prison Inmates for Entreprenurial Aptitude," Hofstra University and Rochester Institute of Technology.

2. Linda Anderson, "Troubled Teenagers Equal Entrepreneurial Success," *The Financial Times*, March 18, 2013, http://www.ft .com/cms/s/2/a8c08352-8c9b-11e2-aed2-00144feabdc0.html#axzz3IrN7GYCD.

3. Peter Wagner and Leah Sakala, "Mass Incarceration: The Whole Pie," *Prison Policy Initiative*, March 12, 2014, http://www.prisonpolicy.org/reports/pie.html.

4. Matthew C. Sonfield, "From Inmate to Entrepreneur: A Preliminary Analysis," Hofstra University.

5. Raphael Minder, "In Spain, Jobless Find a Refuge off the Books," May 16, 2012, http://www.nytimes.com/2012/05/17/world/europe/spaniards-go-underground-to-fight-slump.html?pagewanted=all&_r=0.

6. Benedict Dellot, “Untapped Enterprise: Living with the Informal Economy,” The Royal Society of Arts, September 2012,https://www.thersa.org/globalassets/pdfs/blogs/enterprise-untapped_enterprise-rsa.pdf.

7. Ibid.

8. Vivian Giang, “40 Percent of Americans Will Be Freelancers by 2020,” *Business Insider*, March 21, 2013.

9. “CBS News Profiles HERO’s Pam Dorr,” Impact Design Hub,September 10, 2013, http://www.impactdesignhub.org /2013 /09/10/cbs-news-profiles-heros-pam-dorr-2/.

第三章 复 制

1. 2013 Passenger Vehicle Sales by Brand, ChinaAuto Web: A Guide to China’s Auto Industry, January 15, 2014, http://chinaautoweb.com/2014/01/2013-passenger-vehicle-sales-by-brand/.

2. Peter Andreas, “Piracy and Fraud Propelled the U.S. Industrial Revolution,” Bloomberg, February 1, 2013, http://www.bloomberg.com/news/2013-02-01/piracy-and-fraud-propelled-the-u-s-industrial-revolution.html.

3. Stephen Mihm, “A Nation of Outlaws: A Century Ago, That Wasn’t China—It Was Us,” *Boston Globe*, August 26, 2007, http://www.boston.com/news/globe/ideas/articles /2007 /08 /26 / a_nation_of_outlaws/?page=full.

4. “Knock-offs Catch On,” *The Economist*, March 4, 2010,

http://www.economist.com/node/15610089.

5. Robin Wauters, "Investors Pump $90 Million into Airbnb Clone Wimdu," Techcrunch, June 14, 2011, http://techcrunch.com/2011/06/14/investors-pump-90-million-into-airbnb-clone-wimdu/.

6. Matt Cowan, "Inside the Clone Factory: The Story of Germany' s Samwer Brothers," *Wired*, March 2, 2012, http://www.wired.co.uk/magazine/archive/2012/04/features/inside-the-clone-factory/viewall.

7. Oded Shenkar, *Copycats: How Smart Companies Use Imitation to Gain a Strategic Edge* (Boston: Harvard Business Review Press, 2010).

8. Steven Johnson, *Where Good Ideas Come From: The Seven Patterns of Innovation* (New York: Penguin, 2011).

9. Robert Allen, "Collective Invention," *Journal of Economic Behavior and Organization* 4 (1983): 1–24.

10. Ibid.

11. Charles Leadbeater, *We-Think* (London: Profile Books, 2009).

12. Gregory Ferenstein, "Mark Cuban' s Awesome Justification for Endowing a Chair to 'Eliminate Stupid Patents,'" January 31, 2013, http://techcrunch.com/2013/01/31/mark-cubans-awesome-justification-for-endowing-a-chair-for-eliminating-stupid-patents/.

13. "20 Years of IBM Patents," http://www.research.ibm.com/articles /patents.shtml.

14. Robert Atkinson. "In Praise of Big Business," June 22, 2012, http://www.innovationfiles.org/in-praise-of-big-business-part-1/.

15. Ronald Riley, "American Patent System About to Be Crippled," last revised November 21, 2001, http://www.rjriley.com/multinationals/.

16. Michele Boldrin and David K. Levine, "The Case Against Patents," *Journal of Economic Perspectives* 27, no. 1 (Winter 2013):3–22.

17. Select Committee on Patents, Parliament Papers, xviii, 1851,p. 812.

18. Zorina Khan, "An Economic History of Patent Institutiuons." Published online by the Economic History Association, http://eh.net/encyclopedia/an-economic-history-of-patent-institutions/

19. Yoland Tayler, ed., *Battling HIV/AIDS: A Decision Maker's Guide to the Procurement of Medicines and Related Supplies*. The World Bank, 2004, p. 80.

20. D. B. Greco and M. Simão, "Brazilian Policy of Universal Access to AIDS Treatment: Sustainability Challenges and Perspectives." *AIDS 2007* 21 (suppl 4): S37–45.

21. Kaiser Network, "Brazil Requests Voluntary Licensing

for AIDS Drugs to Treat More Patients, Reduce Costs of Importing Patented Drugs," March 17, 2005, http://www.medicalnewstoday.com /medicalnews.php?newsid=21378.

22. Tim Westergren, "Pandora and Artist Payments," October 9,2012, http://blog.pandora.com/2012/10/09/pandora-and-artist-payments/.

23. Daniel Ek, "Two Billion and Counting," Spotify Artists, November 12, 2014, http://www.spotifyartists.com/2-billion-and-counting/.

24. Mike Hopkins, "A Strong 2013," Hulu Blog, December 18,2013, http://blog.hulu.com/2013/12/18/a-strong-2013/.

25. Investor Relations, Netflix, http://ir.netflix.com/.

26. Erica Orden, Christopher S. Stewart, and Ian Sherr, "Disney Deal Puts Netflix in Pay-TV Big League," *The Wall Street Journal*, December 4, 2012, http://online.wsj.com/articles/SB10001424127887323901604578159432752905010.

27. Joost Schellevis, "Netflix baseert aanbod deels op populariteit video' s op piraterijsites," September 14, 2013, http://tweakers.net /nieuws/91282/netflix-baseert-aanbod-deels-op-populariteit-videos-op-piraterijsites.html.

28. Steven Johnson, *Where Good Ideas Come From: The Seven Patterns of Innovation* (New York: Penguin, 2011).

29. Part of this text appears in an article written by Alexa Clay and Roshan Paul titled "Scaling Social Impact by Giving Away

Value," which appeared in the *Stanford Social Innovation Review* on September 26, 2011, http://www.ssireview.org/blog /entry/scaling_social_impact_by_giving_away_value.

30. Kurt Wagner, "Facebook Has a Quarter of a Trillion User Photos," Mashable, September 17, 2013, http://mashable.com/2013/09/16/facebook-photo-uploads/.

第四章 黑 客

1. Gabriella Coleman, "Our Weirdness Is Free," Triple Canopy, http://canopycanopycanopy.com/contents/our_weirdness_is_free.

2. Aaron Swartz, "Guerrilla Open Access Manifesto," July 2008, https://archive.org/details/GuerillaOpenAccessManifesto.

3. Official statement from family and partner of Aaron Swartz, http://www.rememberaaronsw.com/memories/.

4. Richard Flanders, *If a Pirate I Must Be . . . : The True Story of Bartholomew Roberts—King of the Caribbean* (London: Aurum Press,2008).

5. Peter T. Leeson, *The Invisible Hook: The Hidden Economics of Pirates* (Princeton, NJ: Princeton University Press, 2011).

6. Marcus Rediker, *Villains of All Nations: Atlantic Pirates in the Golden Age* (Boston: Beacon Press, 2005).

7. Ibid.

8. Charles Johnson, *A General History of the Robberies and*

Murders of the Most Notorious Pirates (Conway Maritime Press, 2002).

9. Leeson, *The Invisible Hook.*

10. Ibid.

11. Rediker, *Villains of All Nations.*

12. Johnson, *A General History of the Robberies and Murders of the Most Notorious Pirates.*

13. Leeson, *The Invisible Hook.*

14. Rediker, *Villains of All Nations.*

15. Ibid.

16. Epicenter Staff, "Mark Zuckerberg's Letter to Investors: 'The Hacker Way,'" February 1, 2012, http://www.wired.com /2012/02/zuck-letter/.

17. Ivan Arreguín-Toft, "How the Weak Win Wars: A Theory of Asymmetric Conflict," *International Security* 26, no. 1 (Summer 2001): 93–128.

18. Moises Naim, *Illicit: How Smugglers, Traffickers, and Copycats Are Hijacking the Global Economy* (London: Arrow, 2007).

19. Ibid.

20. Marc Goodman, "What Business Can Learn from Organized Crime," *Harvard Business Review*, November 2011, https://hbr.org/2011/11/what-business-can-learn-from-organized-crime/ar/1.

21. Jon Lackman, "The New French Hacker-Artist

Underground," *Wired*, January 20, 2012, http://www.wired.com/2012/01/ff ux /all/.

第六章 转 型

1. *Black and Gold: The Story of the Almighty Latin King and Queen Nation*, Big Noise Films, May 19, 2009.

2. "N.J. Homicides Soared to Seven-Year High in 2013 After Surges in Newark, Trenton," on www.nj.com/news, January 1, 2014.

3. Parts of this story first appeared in Alexa Clay, "Growing Up Alien," in *Aeon*, January 17, 2014.

4. Interview with John Mack by Jeffrey Mishlove for the TV Program *Thinking Allowed* (1994).

5. John Mack interviewed by Roméo DiBenedetto, M.Div, on the cable TV program *Emerging Renaissance*, in 1997.

6. John Mack interviewed by Russell E. DiCarlo, 1994. Published in: Russell DiCarlo [ed.], *Towards a New World View: Conversations at the Leading Edge* (Erie, Pennsylvania: Epic Publishing,1995) pp. 303–312.

第七章 剑走偏锋

1. Dov Seidman, "Rethinking Occupy Wall Street," Forbes, October 21, 2011, http://www.forbes.com/sites/dovseidman /2011/10 /21/rethinking-occupy-wall-street/.

图书在版编目（CIP）数据

另类创客：黑客、海盗、黑帮等地下创新者的故事 /(美) 克莱 (Clay,A.),(美)菲利普斯 (Phillips,K.M.) 著；王雪婷译. -- 北京：中国友谊出版公司，2015.11

ISBN 978-7-5057-3622-1

Ⅰ. ①另… Ⅱ. ①克… ②菲… ③王… Ⅲ. ①商业模式—创造性思维 Ⅳ. ①F71

中国版本图书馆CIP数据核字(2015)第266476号

著作权合同登记号：01-2015-7430

书名 另类创客：黑客、海盗、黑帮等地下创新者的故事
作者 [美] 亚力克莎·克莱 凯拉·玛雅·菲利普斯
译者 王雪婷
出版 中国友谊出版公司
策划 杭州蓝狮子文化创意股份有限公司
发行 杭州飞阅图书有限公司
经销 新华书店
印刷 杭州钱江彩色印务有限公司
规格 710×1000毫米 16开
13.25印张 140千字
版次 2015年12月第1版
印次 2015年12月第1次印刷
书号 ISBN 978-7-5057-3622-1
定价 42.00元
地址 北京市朝阳区西坝河南里17号楼
邮编 100028
电话 (010) 64668676